PARCOURS DE LECTURE

*Collection dirigée par Alain Boissinot,
Jean Jordy et Marie-Madeleine Touzin.*

MANON LESCAUT

Abbé Prévost

par **Danielle Gauville**

D1350139

BERTRAND-LACOSTE
36, rue Saint-Germain-l'Auxerrois – 75001 PARIS

SOMMAIRE

I.   **Un roman de l'ambiguïté** 5
      Le besoin de justification 5
      La moralité 6
      L'authenticité du récit 7

II.   **Restitution ou reconstruction du passé ?** 13
      Un récit rétrospectif 13
      Une restitution douloureuse mais ordonnée 20
      De la confession au plaidoyer 22

III. **Le personnage de Manon** 27
      Des éclairages indirects 29
      Manon Lescaut : une « étrange fille » 30
      Manon, une création de Des Grieux 37

IV.   **« Manon Lescaut », une tragédie** 41
      Les motifs tragiques 41
      L'esthétique théâtrale 45
      Une tragédie impure 50

V.   **Le roman de la passion** 55
      Le pouvoir de la passion 55
      La poésie de la passion 58

VI. **La leçon** 63

    Le sensualisme 63

    L'idée du bonheur 65

    Quel jugement porter sur Des Grieux

    et Manon ? 67

VII. **Lecture** 71

    Point de vue 71

    Lecture d'un extrait (p. 189-191) 76

Documents complémentaires 81

Activité complémentaire 117

Les références au texte de *Manon Lescaut*
renvoient à l'édition Le Livre de Poche, n° 460.

© BERTRAND-LACOSTE, Paris, 1994

Repères

Les voix narratives 10

Fiction et narration 15

Les points de vue narratifs 18

Le personnage 27

Les formes du discours rapporté 32

Tragédie et passion racinienne 52

I. UN ROMAN DE L'AMBIGUÏTÉ

Lorsque l'Abbé Prévost écrit *L'Histoire du Chevalier des Grieux et de Manon Lescaut* (paru en 1731), le roman souffre de discrédit ; on lui reproche son invraisemblance et son immoralisme. Il est important de rappeler ce contexte pour comprendre le fonctionnement de l'œuvre et lire le discours préfaciel avec un œil averti. Pour réhabiliter un genre suspect, des garanties de moralité et d'authenticité s'imposent ; il nous appartient d'en vérifier la présence dans le récit mais surtout dans l'Avis de l'Auteur, pages essentielles définissant un contrat de lecture et fixant la nature du rapport que l'auteur établit avec son œuvre et avec le lecteur.

❑ Le besoin de justification

> Les personnes de bon sens ne regarderont point un ouvrage de cette nature comme un travail inutile. Outre le plaisir d'une lecture agréable, on y trouvera peu d'événements qui ne puissent servir à l'instruction des mœurs ; et c'est rendre, à mon avis, un service considérable au public, que de l'instruire en l'amusant. (p.2)

Dans ces lignes, l'Abbé Prévost prête à l'auteur des *Mémoires d'un Homme de Qualité* un dessein d'ordre moral à travers lequel se devine un souci d'apprivoiser un lecteur méfiant à l'égard du genre romanesque. Cette entreprise de séduction suppose précautions et stratégies que nous allons tenter de clarifier. Il semble tout d'abord que l'Homme de Qualité éprouve une certaine gêne puisqu'il prend soin de s'excuser de pratiquer un genre aussi peu sérieux n'offrant que des « aventures de fortune et d'amour » (p.4) et qu'il multiplie les stratégies d'évitement pour parler de sa création. C'est ainsi que les termes « ouvrage », « récit »,

« narration », « mémoires » sont préférés à celui de « roman » comme si ce genre-là devait se déguiser.

Par ailleurs, comme pour se faire pardonner, l'auteur n'hésite pas à flatter les « personnes de bon sens », qui vont entreprendre la lecture de cette « histoire », en rendant hommage à la justesse de leur jugement. Il s'agit donc bien de partir à la conquête du lecteur et d'attirer sa bienveillance. Les Documents complémentaires (voir p. 81) confirment la nécessité pour l'auteur d'établir avec le lecteur une complicité afin d'éviter le malentendu et de le guider dans sa lecture. Nous remarquerons, en particulier chez Crébillon, la place qu'occupe le lecteur dans la Préface. L'auteur des *Égarements du Cœur et de l'Esprit*, après avoir déploré la pression qu'exercent les Préfaces sur le lecteur, tient à se démarquer en révélant son « unique dessein », réunir l'utile et l'amusant dans un récit d'aventures réelles respectant les goûts du public (voir Documents complémentaires, p. 85). L'auteur de *Manon Lescaut* n'échappe pas à la règle.

❏ La moralité

• L'intention didactique

Afin de déculpabiliser le lecteur tenté par l'œuvre romanesque et de le convaincre de l'intérêt de son « récit », l'auteur se plaît à faire valoir une intention didactique. Il avertit le lecteur de la portée d'un ouvrage mis au service de « l'instruction des mœurs » (p.2), d'un « traité de morale » (p.4) susceptible d'édifier le public sur la « force des passions » (p.2). L'efficacité de l'exemple paraît indéniable dès lors que le lecteur tout en s'instruisant peut tirer du plaisir d'une « lecture agréable ». Voilà donc satisfaits d'un même coup les exigences morales et le besoin de divertissement.

• L'ambiguïté de l'exemple

En dépit de cette démarche rassurante, certains propos viennent obscurcir le projet de l'auteur. Il en est ainsi des indications relatives à la personnalité de Des Grieux. Nous apprenons que le chevalier a choisi « une vie obscure et vagabonde » et qu'il se définit par « un mélange de vertus et de vices, un contraste perpétuel de bons sentiments et d'actions mauvaises » (p. 2). Les expressions antithétiques « vices », « actions mauvaises » d'une part, « vertus », « bons sentiments » d'autre part laissent envisager une tension entre le bien et le mal ne facilitant pas la tâche du lecteur entraîné dans un « traité de morale » fort ambigu, puisque coexistent moralité et immoralité. Dès lors, quelles vont être ses motivations ? Va-t-il réellement rechercher un avertissement lui rendant la passion haïssable ou bien se prépare-t-il à partir en quête d'un plaisir que seul le spectacle de l'immoralité assure ? Il semble que les précautions prises par l'auteur pour vaincre les résistances d'un lecteur frileux puissent finalement être perçues comme une invitation habile à satisfaire les désirs inavouables du public, sous couvert d'un discours-alibi.

❏ L'authenticité du récit

En réponse aux reproches d'invraisemblance qui pèsent sur le roman, l'auteur des *Mémoires* s'emploie à convaincre le lecteur de la réalité des faits et de la fidélité de son récit.

• Une histoire vraie

Le réalisme

L'auteur met en avant l'argument de la vérité des faits et, dès l'Avis, il annonce son projet : « peindre un jeune aveugle » ; le choix de ce verbe est révélateur du souci de reproduire le réel. De même, il insiste sur la valeur de l'exemple, seul capable de « servir de règle [...] dans l'exercice de la vertu » (p. 4) de façon à s'inscrire résolument dans l'espace de la réalité.

Si nous dépassons le cadre de l'Avis de l'Auteur pour nous intéresser à l'ensemble du récit, nous remarquons la présence de certains procédés destinés à garantir la réalité de l'histoire. Déjà le récit à la première personne du singulier installe le lecteur dans un climat de confiance : il s'agit de la relation d'une expérience personnelle. Ensuite, nous ne manquons pas de noter avec quel soin l'Homme de Qualité nous introduit dans sa réalité quotidienne : il explique sa présence à Pacy (p. 5 et suiv.) par la nécessité de négociations familiales et s'emploie à multiplier les effets de réels par le biais de repères temporels tels que « six mois », « le lendemain » (p. 5), de repères géographiques comme Évreux, Pacy ou encore de détails réalistes : « les chevaux [...] fumant de fatigue et de chaleur », « un archer revêtu d'une bandoulière, et le mousquet sur l'épaule » (p. 6). Plus loin l'image de Manon enchaînée, mal vêtue, triste et celle de Des Grieux abîmé dans la douleur participent aussi de cette volonté de « faire vrai ». Quant au recours aux initiales pour désigner les personnes intervenant dans l'histoire du couple comme M. de B., G. M., M. de T., il a pour but de donner une existence réelle à des êtres dont on veut cacher l'identité par discrétion.

Le romanesque

En dépit de tous ces « pilotis » destinés à convaincre le lecteur de la réalité de l'histoire, le romanesque est bien présent et met en doute la vraisemblance du récit. Nous assistons à des événements nous ramenant à la pure fiction : l'histoire de Manon et de Des Grieux se construit sur des rebondissements, des péripéties : l'enlèvement de Des Grieux (p. 26), les arrestations répétées, l'attaque de la diligence (p. 187), le duel (p. 207), les évasions, nous rappellent la promesse d'agrément formulée dans l'Avis de l'Auteur. C'est donc dans cette tension entre le réalisme et le romanesque que s'affiche une nouvelle ambiguïté.

• La fidélité du récit

Un narrateur scrupuleux

La structure de mise en abyme du récit (le récit de Des Grieux est inclus dans le récit de Renoncour) nécessite des précautions. L'Homme de Qualité en rapportant l'histoire du chevalier pourrait inventer, transformer ; or l'auteur exclut ces écarts en donnant des précisions sur les conditions de restitution du récit de Des Grieux : il s'agit d'une retranscription immédiatement consécutive au récit puisque Renoncour affirme avoir écrit l'histoire du chevalier « presque aussitôt après l'avoir entendue » et déclare que « rien n'est plus exact et plus fidèle que cette narration » (p. 12).

Ces aveux se doublent d'une garantie propre au statut de l'Homme de Qualité : en tant qu'auteur des *Mémoires*, Renoncour bénéficie d'un statut extradiégétique servant de caution ; en effet, quel intérêt aurait-il à travestir la réalité alors même qu'il n'a joué qu'un rôle de narrataire ? Et pourtant…

Un narrateur suspect

Le doute sur l'objectivité de Renoncour surgit dès que l'on se rappelle son intrusion dans la vie de Des Grieux. N'a-t-il pas, à Pacy, offert quatre louis d'or au chevalier pour lui permettre d'accompagner Manon sur le bateau ? Renoncour ayant joué un rôle d'adjuvant auprès de Des Grieux, il ne saurait rester totalement neutre. La scène de Pacy suffit à nous prouver qu'il n'a pas été un simple témoin, distant, mais qu'il s'est spontanément attendri devant le spectacle d'une jeune fille enchaînée et d'un jeune homme désespéré. Le respect, la pitié, la reconnaissance d'un pair se sont mêlés, donnant naissance à un mouvement de sympathie tel que le lecteur est en droit de mettre en doute la fidélité du récit : quelle bonne foi peut-on espérer de la part d'un homme aussi sensible à la douleur de deux amants ? Ne sera-t-il pas tenté de les innocenter ? Le récit se trouvant subordonné à son seul point de vue, n'est-il pas légitime de craindre une restitution partielle ?

Nous voilà une fois encore placés en face d'une ambiguïté, d'une tension entre la vérité et le mensonge.

Manon Lescaut, roman de l'ambiguïté ? Sans doute puisque les garanties de moralité et de vérité sont bel et bien menacées par l'attrait qu'exerce le spectacle du vice, par la présence de la fantaisie romanesque et par la bienveillance de l'Homme de Qualité. Toutefois, ces ambiguïtés sont loin de desservir le roman qui puise sa richesse et assure son succès dans le choix de la complexité et le chatoiement. Le lecteur se voit irrésistiblement séduit par une histoire qui le renvoie à ses propres hésitations, à ses besoins contradictoires.

Repères

LES VOIX NARRATIVES

1. Qui raconte ?

Il convient de distinguer *auteur*, *narrateur*, *personnage*.

L'*auteur* est un être qui a réellement existé et signe l'ouvrage de son nom ou sous un pseudonyme.

Le *narrateur* est celui qui raconte l'histoire :
– ce peut être l'auteur lui-même et, dans ce cas, il s'agit d'une œuvre autobiographique. Exemple : Rousseau, *Les Confessions* ;
– ce peut être un être fictif qui n'existe que par les marques de son énonciation, statut que J.-P. Faye définit par la périphrase « voix de papier ».

Le *personnage* est un être qui vit des événements, réels dans le cas de l'autobiographie, fictifs dans les autres cas.

2. La position du narrateur

Quand le narrateur est extérieur à l'histoire, on parlera de narrateur extradiégétique.

Quand le narrateur est impliqué dans l'histoire, on parlera de narrateur intradiégétique.

Ainsi dans *Manon Lescaut*, Des Grieux est narrateur intradiégétique puisqu'il raconte sa propre histoire.

Le statut de Renoncour se révèle complexe : il est d'une part *narrataire[1] intradiégétique* dans la mesure où Des Grieux lui raconte son histoire et où il va, à un moment de la fiction, participer à l'action en donnant une somme d'argent au chevalier. Mais, rapportant le récit de Des Grieux, il est aussi le narrateur de *Manon Lescaut*.

_____

1. Narrataire : le narrataire est celui à qui le narrateur est censé raconter l'histoire.

Prolongements

1. *Le souci de vraisemblance*
   Vous étudierez les effets de réel dans la scène de la rencontre pages 13 et 14 et dans la scène de la mort de Manon pages 212 à 214 : « Je demeurai [...] qui me restait. »

2. *Analyse du discours préfaciel*
   – Quelles figures du lecteur apparaissent dans les Préfaces proposées en Documents complémentaires (voir p. 83) ?
   – Quelles intentions affichent les auteurs ?
   – Quel rapport B. Constant entretient-il avec son œuvre ? Comment pouvez-vous justifier cette position ?

II. RESTITUTION OU RECONSTRUCTION DU PASSÉ ?

Lorsque Des Grieux retrouve Renoncour à Calais, plusieurs mois (sept mois de solitude en Amérique et deux mois de traversée) se sont écoulés entre la mort de Manon et le retour du chevalier en France ; le récit qu'il entreprend est donc l'œuvre de la mémoire.

❏ Un récit rétrospectif

• Le relais de narration

Le roman de *Manon Lescaut* offre une structure de mise en abyme du récit : le personnage principal Des Grieux raconte son histoire à un narrateur, Renoncour, lequel devient à son tour narrateur en transcrivant les propos du chevalier. Ce phénomène de relais suppose donc une restitution du souvenir à deux niveaux : Des Grieux se remémore son passé, passé que Renoncour relate en faisant lui-même appel à sa mémoire. C'est à partir de la phrase « J'avais dix sept ans » (p. 12), que commence effectivement le récit rétrospectif de Des Grieux.

• Le temps du récit

L'ordre

À partir du moment où l'auteur des *Mémoires* donne la parole à Des Grieux, nous sommes invités à suivre une progression linéaire qui va de la rencontre à Amiens à la mort de Manon, suivie du retour du chevalier en France. En dépit de ce déroulement linéaire, le récit nous projette vers le dénouement tragique et d'emblée nous percevons les effets rétroactifs de la fin de l'aventure sur le début, chaque épisode portant la marque du malheur. Très régulièrement le narrateur nous prévient de la précarité du bonheur évoquée par l'intermédiaire de prolepses. Ainsi dès la rencontre, la tragédie est annoncée par ce commentaire de Des Grieux : « Son penchant au plaisir [...] qui a causé, dans la suite, tous ses malheurs et les miens » (p. 14-15) ; plus loin, c'est encore l'image du malheur qui rôde à un moment où l'avenir pourrait paraître dégagé : « La Fortune ne me délivrera d'un précipice que pour me faire tomber dans un autre » (p.74). De ce fait la mort de Manon et le drame de Des Grieux entrent dans une logique implacable.

La durée

Si le récit rétrospectif impose un ordre, il s'inscrit également dans une durée. Il convient de s'intéresser au rapport existant entre la durée des événements dans la fiction et la durée de la narration.

Le récit joue avec le temps, en résumant des épisodes qui sont censés durer, ou au contraire, en étirant de brefs instants. Deux exemples viennent illustrer cette élasticité du récit : le récit du parloir donne lieu à une scène et s'étend sur cinq pages (p. 41 à 45) alors que l'épisode de l'évasion de l'Hôpital (événement supposant un temps relativement long) privilégie l'ellipse et se trouve réglé en une page (p. 108). Tout dépend de l'intérêt que le narrateur accorde au fait relaté : la dilatation convient à des situations riches en émotions ou encore à des comportements énigmatiques qu'il essaie de déchiffrer, démarche réflexive qui ralentit la narration ; au contraire, le récit s'accélère à partir du moment où l'affectivité n'est pas sollicitée ou bien encore quand l'événement risque d'égratigner l'image du chevalier : le meurtre du portier, les gains au jeu, peu glorieux pour le personnage, sont ainsi soumis à des ellipses.

FICTION ET NARRATION

Un roman est la narration d'une fiction.

La *fiction* est constituée d'événements racontés, c'est l'histoire vécue par les personnages.

La *narration*, c'est la manière dont les événements sont racontés.

Il est intéressant d'analyser le rapport qui lie la fiction et la narration. Pour cela il convient de se placer à deux niveaux : celui de l'ordre dans lequel le narrateur rapporte les événements, et celui de la durée qu'il choisit.

1. L'ordre

Le narrateur peut jouer avec la chronologie et ne pas rapporter de façon linéaire la succession des événements. S'il introduit dans sa narration des rappels du passé, on parlera d'analepses. Au contraire, s'il intègre dans la narration des anticipations sur le futur, on parlera de prolepses.

Nous avons observé que Des Grieux privilégie les prolepses en annonçant en particulier, au cours de l'évocation de périodes heureuses, une prochaine plongée vers le malheur. Rappelons, par exemple, la scène où Des Grieux et Manon veulent se venger du jeune G. M. Les amants se réjouissent de ce tour joué à l'ennemi, mais le narrateur signale la précarité de cette récréation en ces termes : « Pendant ce temps-là, notre mauvais génie travaillait à nous perdre ».

2. La durée

Le narrateur est libre aussi d'introduire des variations de rythme dans son récit. Ces mouvements narratifs s'orientent tantôt dans le sens de la dilatation, tantôt dans le sens de la condensation. On distingue quatre mouvements narratifs :

a) La scène : ce terme désigne le moment où le temps de la narration coïncide avec celui de la fiction, le narrateur est censé tout dire de ce qui s'est passé.

Exemple : le dialogue entre Tiberge et Des Grieux. Certains propos sont rapportés au style direct (p. 90).

b) Le sommaire : ce terme désigne un effet d'accélération dans le récit puisque le narrateur se contente de résumer la teneur globale d'une conversation. Dans ce cas, la durée du récit est inférieure à celle de l'histoire.

Exemple : « La pauvre Manon me raconta ses aventures, et je lui appris les miennes » (p. 105).

c) La pause : ce terme désigne le moment où le narrateur se livre à un développement à travers des analyses, des descriptions. Dans ce cas, il se produit un décalage entre la narration qui se dilate et la fiction qui ne progresse plus, et un ralentissement du rythme.

Exemple : Des Grieux entreprend l'analyse du fonctionnement de la passion (p. 80).

d) L'ellipse : il s'agit au contraire d'un mouvement d'accélération passant sous silence certains événements de façon plus ou moins explicite.

Exemple : « Après une navigation de deux mois, nous abordâmes enfin au rivage désiré » (p. 196).

Dans *Manon Lescaut*, ces mouvements narratifs sont étroitement liés au point de vue de Des Grieux. La mémoire affective dicte le rythme du récit ; ainsi les retrouvailles avec Manon font souvent l'objet de pauses et de scènes, car Des Grieux, tout occupé à trouver un sens à son histoire, se plaît à étirer la narration. Au contraire, les événements qui ne concernent pas directement ses préoccupations sont soumis à des sommaires et des ellipses.

3. On peut également s'intéresser à **la fréquence**, ce qui consiste à vérifier si l'événement raconté dans la narration est rapporté autant de fois qu'il s'est produit. On distingue trois cas de figure :

– le *récit singulatif* qui raconte une fois un événement qui a eu lieu une fois dans la fiction ;

– le *récit itératif* qui raconte une fois un événement qui a eu lieu plusieurs fois ;

– le *récit répétitif* qui raconte plusieurs fois un événement qui a eu lieu une fois.

Dans *Manon Lescaut*, on a affaire à un *récit singulatif*.

• Le point de vue

Ces observations nous amènent à considérer le type de vision à travers lequel l'histoire est restituée.

La vision limitée

Dans la mesure où le narrateur trouve digne d'intérêt seulement ce que dit, ressent, vit le couple, certains personnages se trouvent réduits à une simple fonction et sont privés d'épaisseur. Nous pouvons vérifier cet effet simplificateur de la vision limitée dans les profils des personnages secondaires.

Le frère de Manon n'est qu'un tricheur ; M. de B., le vieux G. M., le jeune G. M. se définissent uniquement par le rôle d'amants véreux. Le père de Des Grieux incarne, lui, l'autorité et les principes moraux. Tiberge même, se trouve dépouillé de sa complexité humaine puisque Des Grieux lui réserve la fonction d'ami fidèle et vertueux. Autant de personnages sacrifiés par le regard d'un narrateur prisonnier de son histoire individuelle !

Les interventions du narrateur

Le point de vue du narrateur se manifeste non seulement dans le processus de schématisation des personnages intervenant dans l'histoire mais aussi à travers les commentaires qui accompagnent le récit. Essayons de classer les interventions de Des Grieux-*narrateur* et de définir leurs fonctions.

Il arrive que Des Grieux-*narrateur* corrige le point de vue de Des Grieux-*personnage* ; prenons la phrase « Je me croyais absolument délivré des faiblesses de l'amour » (p.39), l'emploi du modalisateur « croyais » suppose un regard lucide du « je » *narrant* sur la naïveté du « je » *narré*. La révision du point de vue peut se faire de façon plus explicite comme c'est le cas dans la réflexion qui suit la première trahison de Manon : « J'avais la crédulité de m'imaginer qu'elle était encore plus à plaindre que moi » (p. 27). L'éloignement dans le temps, la démarche analytique du narrateur permettent une mise à distance du passé et une réévaluation des comportements.

D'autres interventions viennent nier, au contraire, la possibilité d'une distinction entre le narrateur et le personnage, celui-là vivant avec la même intensité les émotions de celui-ci. Lorsque Des Grieux-*narrateur* s'excuse de devoir achever « en peu de mots un récit qui [le] tue », il se confond avec Des Grieux-*personnage* toujours plongé dans la douleur. L'aveu de l'impossible oubli a pour effet de renforcer le pathétique et par conséquent d'émouvoir le destinataire du récit.

Cette distance variable entre le narrateur et le personnage nous conduit à examiner la nature du récit : restitution ou reconstruction ?

Repères

LES POINTS DE VUE NARRATIFS

Le point de vue est le regard à travers lequel nous sont racontés les événements. Il existe trois types de points de vue ou focalisations.

1. Focalisation externe : l'histoire est racontée par un témoin extérieur et objectif, qui en sait moins que le personnage.

Exemple : *América* (KAFKA) :

> Il n'y avait personne à la deuxième fenêtre et l'on y avait la plus belle vue. Et près de la troisième, deux hommes étaient debout, qui conversaient à mi-voix.

2. Focalisation interne : l'histoire est racontée par un narrateur qui en sait autant que le personnage, et nous communique ses sensations, sentiments, pensées. Il s'agit donc d'un point de vue limité et subjectif.

Exemple : *L'Insoutenable légèreté de l'être* (Milan KUNDERA) :

> Au bout d'un instant, il lui semblait que sa respiration se faisait plus calme et que son visage se soulevait machinalement vers son visage.

(Le narrateur adopte le point de vue du personnage observant Téréza).

3. Focalisation zéro, ou point de vue omniscient. L'histoire est racontée par un narrateur qui sait tout sur les personnages, sur l'action. Cette vision illimitée est fréquente dans les romans classiques.

Exemple : *La Curée* (ZOLA) : portrait de Maxime

> La vérité était qu'il recevait autant de coups que de caresses. Le collège de Plassans, un repaire de petits bandits comme la plupart des collèges de province, fut ainsi un milieu de souillure, dans lequel se développa singulièrement ce tempérament neutre, cette enfance qui apportait le mal d'on ne savait quel inconnu héréditaire. L'âge allait heureusement le corriger. Mais la marque de ses abandons d'enfant, cette effémination de tout son être, cette heure où il s'était cru fille devait rester en lui, le frapper à jamais dans sa virilité.

❑ Une restitution douloureuse mais ordonnée

• La réactivation des émotions

La mémoire, en fouillant le passé, réveille la passion et ses effets. Même si Des Grieux-*narrateur* se montre capable d'analyser des situations, il se définit en priorité comme un être sensible soumis à des bouffées d'émotion et même à de véritables convulsions. La douleur du souvenir se révèle en particulier dans une tension entre la parole et le refoulement. Il arrive en effet que l'intensité du trouble du narrateur soit telle que le récit se replie vers le silence comme semble l'indiquer cette prière :

> N'exigez point de moi que je vous décrive mes senti-
> ments [...] (p. 212)

En effet, ce qui suit prend la forme d'un compte rendu laconique de gestes, d'actions d'où est exclue l'analyse des sentiments. Et pourtant ceux-ci se devinent dans la précipitation avec laquelle les phrases se succèdent sans s'enchaîner :

> C'était une campagne couverte de sable. Je rompis mon
> épée, pour m'en servir à creuser, mais j'en tirai moins de
> secours que de mes mains. J'ouvris une large fosse. J'y
> plaçai l'idole de mon cœur [...] (p. 213)

C'est bien dans le silence du texte que s'élabore l'essentiel et que les effets de la remémoration se mesurent ; la tentation du refoulement se lit dans cet aveu :

> Je vous raconte un malheur qui n'eut jamais d'exemple.
> Toute ma vie est destinée à le pleurer. Mais, quoique je le
> porte sans cesse dans ma mémoire, mon âme semble recu-
> ler d'horreur, chaque fois que j'entreprends de l'exprimer.
> (p. 211-212)

• La maîtrise du récit

Le « je » narrant a beau souffrir, s'émouvoir et perdre le contrôle de la parole, il n'empêche que le récit reflète une parfaite maîtrise : Des Grieux se montre capable de mettre de l'ordre dans le désordre de sa vie, de nous offrir une narration organisée selon un schéma cyclique qui n'est certainement pas gratuit. Nous observons en effet l'alternance bonheur/malheur, la sérénité de Des Grieux étant systématiquement brisée par une trahison de Manon ou par une séparation forcée.

Rappelons cette permanente oscillation au sein d'un tableau :

BONHEUR	MALHEUR
Première partie	
Rencontre.	Première infidélité de Manon avec M. de B. et séquestration de Des Grieux.
Retrouvailles (épisode du parloir).	Incendie + ruine, infidélité avec le vieux G. M.
Retrouvailles.	Emprisonnement.
Évasion et installation à Chaillot.	
Deuxième partie	
Bonheur à Chaillot.	Infidélité avec le jeune G. M.
Retrouvailles.	Emprisonnement.
Libération de Des Grieux.	Manon, elle, est déportée.
En Amérique, protection du Gouverneur. Amour absolu de Manon pour Des Grieux.	Synnelet amoureux de Manon, hostilité du Gouverneur + duel Synnelet/Des Grieux, fuite, mort.

Quel sens donner à cette hésitation entre le bonheur et le malheur ?

Le narrateur souhaite, par cette structure, faire percevoir le rôle du hasard et le poids du destin et par là-même se poser comme objet et non comme sujet d'un parcours sinueux. Si Des Grieux ne peut s'installer dans une relation paisible, c'est que des forces supérieures le dominent et qu'il est manipulé par une fatalité se jouant de lui et le conduisant inexorablement vers le drame. Ce manque de liberté est mis en avant dès la scène de la rencontre lorsque le narrateur préfère aux explications rationnelles du coup de foudre une nécessité qui lui échappe :

> La douceur de ses regards, un air charmant de tristesse en prononçant ces paroles, *ou plutôt*, l'ascendant de ma destinée qui m'entraînait à ma perte, ne me permirent pas de balancer un moment sur ma réponse. (p. 15)

Ici, l'épanorthose (correction ironique d'un premier énoncé) donne l'illusion de la spontanéité, or cette figure obéit à une intention : donner de soi l'image d'une victime.

❑ De la confession au plaidoyer

• L'aveu

Lorsque Des Grieux décide de raconter son histoire à l'Homme de Qualité, il semble que ce soit dans le but de soulager son cœur et sa conscience :

> Je veux vous apprendre, non seulement mes malheurs et mes peines, mais encore mes désordres et mes plus honteuses faiblesses. (p. 12)

Les termes « désordres », « honteuses faiblesses » orientent vers la confession suscitée par un sentiment de culpabilité. Le récit laisse percevoir, à plusieurs reprises, l'ombre du remords puisque des Grieux reconnaît « violer tous les devoirs » et admet « la honte et l'indignité de [ses] chaînes » (p. 59). Cependant, l'amour pour Manon est le plus fort et les scrupules s'évanouissent vite :

> Mais ce combat fut léger et dura peu. La vue de Manon m'aurait fait précipiter du ciel, et je m'étonnai, en me retrouvant près d'elle, que j'eusse pu traiter un moment de honteuse une tendresse si juste pour un objet si charmant. (p. 59)

Il semble donc que l'on n'ait point affaire à un chrétien repenti mais, d'une part, à un aristocrate qui, par le courage de l'aveu, prétend mériter le pardon, d'autre part, à un amant soumis aux charmes d'une créature toute puissante.

● Les stratégies de disculpation

Derrière le récit apparemment sincère de Des Grieux, se cache cependant un art de la manipulation.

La casuistique

Afin de s'innocenter, le narrateur s'abrite derrière de bonnes intentions ; en effet, il reconnaît vivre au-dessus de ses moyens mais il se donne pour prétexte le désir de satisfaire « le penchant au plaisir » (p.14) de Manon ; sa ruine devient, de ce fait, un châtiment injuste puisque ses mauvaises actions (les dépenses, le jeu, les tricheries) sont mises au service d'une belle cause : combler l'être aimé. Nous reconnaissons là les ressorts de la casuistique, bien utiles à un narrateur soucieux de sauver son image.

Une bonne nature

Pour s'attirer la bienveillance du narrataire, Des Grieux se plaît à rappeler ses qualités naturelles et son « aversion naturelle pour le vice » (p. 12). La scène de la rencontre s'inscrit fort bien dans cette stratégie de disculpation, puisque le narrateur entreprend un autoportrait plutôt complaisant en mettant en valeur son innocence et son manque d'expérience :

> Elle me parut si charmante que moi, qui n'avais jamais pensé à la différence des sexes, ni regardé une fille avec un peu d'attention, moi, dis-je, dont tout le monde admirait la

sagesse et la retenue, je me trouvai enflammé tout d'un coup jusqu'au transport. (p. 14)

La double négation, l'hyperbole, la structure binaire sont là pour souligner le caractère inattendu du coup de foudre chez un jeune homme irréprochable ; ainsi « le défaut d'être excessivement timide et facile à déconcerter » (p. 14), loin de dévaloriser le personnage ne fait que renforcer son exemplarité, exemplarité rendue plus sensible par l'opposition entre ce jeune naïf et une jeune fille « plus expérimentée ». Ce comparatif lourd de sous-entendus laisse à Manon l'initiative de la séduction et fait peser quelques doutes sur sa vertu.

La responsabilité de la société

Le plaidoyer de Des Grieux ne se limite pas aux arguments d'ordre individuel ; l'habile narrateur met en cause la société et la rend responsable de ses écarts. Comment vivre dans la misère, le besoin quand, autour de soi tout n'est que débauche et plaisir ? Comment rester honnête quand la société fait fi des règles morales en acceptant le règne de l'argent, la luxure ? Dans un tel contexte, les actes immoraux perdent de leur gravité, phénomène d'atténuation dont rend compte le vocabulaire : le meurtre n'est plus qu'une « affaire » et les péchés de simples « faiblesses ». Décidément Des Grieux n'a rien d'un « fripon » (terme emprunté à Montesquieu) et le récit façonne un personnage naturellement vertueux qui court à sa perte alors qu'il ne le mérite pas.

Restitution ou reconstruction ? Reconstruction, où la mémoire sélective ordonne, où le regard partiel et partial modifie le réel, où l'image de soi et le besoin d'être absous l'emportent sur le souci de vérité. Des Grieux-*narrateur* n'est habité que par un seul projet : légitimer sa passion pour Manon, une créature hors du commun.

Prolongements

1. **Chronologie du récit**
   Recherchez dans l'ensemble de l'œuvre des repères temporels qui scandent la progression linéaire de l'histoire. Recherchez des exemples de prolepses dans l'ensemble du roman.

2. **Plaidoyer**
   Montrez comment, à travers les appréciations que les autres personnages (Homme de Qualité, M. de T., le père, le peuple) portent sur le chevalier Des Grieux, le narrateur veut faire valoir ses qualités intrinsèques.

III. LE PERSONNAGE DE MANON

Il semble un peu vain de chercher derrière le personnage de Manon l'être réel qui a inspiré l'Abbé Prévost. L'héroïne peut aussi bien rappeler une étrangère, Lenki Eckhardt dont le romancier fut épris, qu'une certaine Laure Froger dont la vie scandaleuse alimentait les ragots, que des héroïnes littéraires des romans du début du siècle. Quoi qu'il en soit, Manon envahit l'espace du roman et c'est sans doute l'énigme qu'elle porte en elle qui séduit.

| Repères |

LE PERSONNAGE

C'est un être de papier, un être fictif qui va exister grâce à des procédés de caractérisation.

1. Le portrait
a) L'identité : le personnage porte un nom, un prénom, il a un âge un statut social, une profession.
Exemple : *La Curée* (ZOLA) :

> Maxime resta au collège de Plassans jusqu'aux vacances de 1854. Il avait treize ans et quelques mois et venait d'achever sa cinquième.

b) Les traits physiques, moraux et sociaux.
Le personnage se caractérise par sa taille, son allure, sa physionomie.
Exemple : *La Princesse de Clèves* (Mme DE LA FAYETTE) :

> La blancheur de son teint et de ses cheveux blonds lui donnaient un éclat que l'on n'a jamais vu qu'à elle ; tous ses traits étaient réguliers.

À cela s'ajoute un tempérament, un caractère qui peut être ou bien donné d'emblée ou bien construit au fil des événements, à l'aide des regards extérieurs.

Exemple : La Curée (ZOLA) :

> Elle trouva Saccard petit, laid mais d'une laideur tourmentée et intelligente qui ne lui déplut pas.

Cette caractérisation consiste à faire croire à l'existence du personnage. Ces procédés seront abandonnés dans le Nouveau Roman. En effet, c'est une autre conception du personnage qui s'installe alors : un être sans identité, sans unité psychologique, sans passé, un être qui s'efface devant l'importance que prennent les objets.

2. Le rôle du personnage

Les personnages existent surtout par leur fonction dans le roman. L'histoire racontée résulte en effet du jeu d'un certain nombre de forces. Ces forces peuvent être un principe abstrait (l'ambition, par exemple), un personnage, voire un objet (la baguette magique des contes). On les désigne par le terme d'actants. Le schéma suivant présente les différents actants et leur relation :

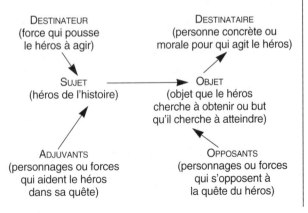

Dans le cas de *Manon Lescaut*, on peut proposer le schéma suivant :

```
Amour                                    Des Grieux
       ↘                                    ↗
        Des Grieux  ———————→  Manon
       ↗                                    ↖
  Tiberge                         Père de Des Grieux
Homme de Qualité                         M. de B.

              Vieux G. M.
```

❏ Des éclairages indirects

Brosser un portrait physique de Manon paraît difficile puisqu'à aucun moment elle n'est décrite précisément. Il appartient donc au lecteur de construire une image de Manon à travers la multiplicité des regards qui se posent sur elle. Toutes les personnes qui approchent Manon ne manquent pas d'être charmées par cette jeune fille, mais personne ne donne de détails sur sa beauté.

• « La beauté de Manon »

Manon touche tous ceux qui la regardent, quel que soit leur rang social, et c'est à travers les émotions et les coups de foudre qu'elle fait naître que se devine son pouvoir de séduction. Les hôtes de l'auberge de Saint-Denis ou encore la vieille femme de Pacy éprouvent spontanément de la sympathie pour Manon. Par ailleurs, il suffit d'un regard pour que les hommes tombent amoureux d'elle ou désirent faire d'elle leur maîtresse, tel Synnelet que « la beauté de Manon [a] touché dès le premier jour de [son] arrivée » (p. 204), tel le jeune G. M. qui succombe rapidement aux charmes de Manon :

> [...] il n'eut pas passé une demi-heure dans cet entretien, que je m'aperçus de l'impression que les charmes de Manon faisaient sur lui. Ses regards et ses manières s'attendrirent par degrés. (p. 131)

Dès son arrivée à Pacy, Renoncour est intrigué par le tumulte de la rue et découvre un convoi de jeunes filles parmi lesquelles il en remarque immédiatement une qui ne semble pas à sa place. Le lecteur s'attend alors à un portrait de l'inconnue, or l'Homme de Qualité se contente de souligner la distinction qui émane de son « air » et de sa « figure », distinction qui reste indéterminée (p. 6).

• Manon vue par Des Grieux

Placés sous le regard de Des Grieux, les contours de Manon restent aussi flous. La scène de la rencontre (p. 14) ne donne lieu à aucune description précise ; son charme, sa beauté, sa jeunesse se fondent dans un rayonnement qui échappe à toute définition. Lors de la scène du parloir (p. 41), nous prenons la mesure de ce rayonnement à travers les réactions de Des Grieux. Devant « un air si fin, si doux, si engageant, l'air de l'Amour même » (p. 41), Des Grieux se paralyse ; il semble d'ailleurs que la gradation qui contribue à caractériser Manon concerne plus un paysage intérieur (douceur, générosité) que des traits physiques.

Nous conviendrons que ce silence sur Manon n'a rien de gratuit et qu'il répond à une volonté d'envelopper cet objet d'amour de mystère et de faciliter l'œuvre de l'imagination.

❏ Manon Lescaut : une « étrange fille » (p. 126)

Si le portrait physique échappe au lecteur, le portrait moral, bien que plus perceptible, épaissit l'énigme.

• Un être de plaisir

Le goût du luxe

Manon se définit avant tout par son « penchant au plaisir » (p. 14) et la satisfaction de celui-ci semble vitale :

> C'était une chose si nécessaire pour elle, d'être ainsi occupée par le plaisir […] (p. 60)

Vivre dans l'aisance ne relève pas de la frivolité, de la cupidité mais semble lié à une peur du manque, et c'est d'ailleurs cette hantise-là qui sert de mobile à ses infidélités. Ainsi Manon explique que sa liaison avec le vieux G. M. fut le seul moyen de rétablir un peu la fortune du couple et de « rendre [son] Chevalier riche et heureux ». L'emploi de ces deux adjectifs « riche » et « heureux », reliés par la conjonction de coordination « et » à valeur consécutive, témoigne d'un phénomène de projection : Manon prête à Des Grieux sa propre conception de la vie. Manon va jusqu'à transformer ses audaces en sacrifice assurant le salut du couple, car elle ne voit pas « comment être bien tendre lorsqu'on manque de pain » (p. 67). Aussi le lecteur ne devrait-il pas être surpris, au regard de cette logique, par cette déclaration pourtant paradoxale : « C'est une sorte de vertu que la fidélité » (p. 67). Il semble bien que la belle Manon n'accorde que peu de prix aux égarements du corps car pour elle la seule fidélité exigible « est celle du cœur » (p. 155).

Comment interpréter ce genre de raisonnement ? Sincérité ? Mauvaise foi ?

Le goût du jeu

Si Manon ne peut s'épanouir que dans les dépenses et les plaisirs immédiats, matériels, elle a également besoin d'une vie pleine de fantaisie. Manon aime jouer et Des Grieux le sait bien, aussi lui offre-t-il de délicieux divertissements. Lors du souper chez le vieux G. M., le chevalier se fait passer pour le frère de Manon et joue sur les mots avec une malice qui comble l'humeur badine de Manon :

> Monsieur, c'est que nos deux chairs se touchent de bien proche […] (p. 76)

C'est aussi en voulant se venger du jeune G. M. que les deux amants s'offrent un « délire du plaisir » (p. 160)… qui tourne court ! Manon se montre par ailleurs capable d'être maîtresse de jeu quand il s'agit d'éconduire un prince italien en lui présentant un chevalier dont elle a soigné la coiffure avec une exquise jubilation (p. 127-128).

• Un être sensible

Manon serait simple à déchiffrer si elle ne nous offrait qu'un charmant badinage. Or son discours, ses comportements révèlent une sensibilité troublante. Les reproches de Des Grieux, après les trahisons, lui arrachent non seulement des larmes mais aussi des cris désespérés :

> Je prétends mourir, répondit-elle, si vous ne me rendez votre cœur, sans lequel il est impossible que je vive. (p. 41)

Ou encore :

> […] comment veux-tu que je vive, si ma vue n'est plus propre qu'à te causer un air sombre et chagrin ? (p. 72)

Privée de l'amour de Des Grieux, Manon ne trouve plus de sens à son existence et rappelle ces héroïnes tragiques prêtes au sacrifice de leur vie.

Mais comment cette passion peut-elle se concilier avec sa légèreté ? Une mise au point sur les modalités du discours rapporté peut s'avérer utile pour mieux apprécier une possible rouerie de la part de Manon.

| Repères |

LES FORMES DU DISCOURS RAPPORTÉ

On distingue trois façons de rapporter des paroles et des pensées : les discours direct, indirect, indirect libre.

1. Le discours direct rapporte fidèlement les paroles prononcées par un personnage.

Exemple : *Manon Lescaut :* « J'avoue, repris-je, qu'elle n'est pas juste » (p. 91).

Quelles sont les marques du discours direct ?

– les guillemets,

– le tiret quand il se produit un changement de locuteur,

– le discours direct est introduit par un verbe déclaratif.

Exemple : Il lui dit « Je t'attends demain à cinq heures ».

Ce verbe peut être intégré dans l'énoncé au sein d'une proposition incise.

Exemple : *Manon Lescaut* « Juste ciel, ajoutai-je, est-ce qu'une infidèle se rit de vous [...] »

Ce verbe déclaratif apporte des précisions sur l'acte d'énonciation.

Exemple : « rétorquer » suppose une tension dans l'échange.

– le temps, les pronoms personnels, les déictiques sont ceux du discours.

Exemple : « Elle m'a répondu : Je viendrai te voir demain » (indicateurs spatiaux, temporels).

2. Le discours indirect ne rapporte pas les paroles telles qu'elles ont été prononcées, mais retient le sens, la teneur globale des propos tenus.

Exemple : *Manon Lescaut* « Il me répondit que l'aveu que je faisais me rendait inexcusable » (p. 89).

Quelles en sont les marques ?

– disparition des signes typographiques,

– intégration du discours rapporté dans une proposition subordonnée complétive.

Exemple précédent : Il me répondit *que*...

– transformation du temps, des pronoms personnels, des déictiques dans le passage du discours direct au discours indirect.

Exemple : Elle m'a répondu : « Je viendrai te voir demain. » → Elle m'a répondu qu'*elle* viendrait *me* voir le *lendemain*.

Le discours indirect relève donc du récit.

– les intonations exclamative, jussive, interrogative disparaissent et sont contenues dans le verbe introducteur.

Exemple : S'étonner ; demander ; ordonner...

3. Le discours indirect libre relève à la fois du discours direct et du discours indirect.

Quelles en sont les marques ?

– il se passe de subordination et garde les intonations du discours direct,

– il fait le même usage de la personne, du temps, des déictiques que le discours indirect.

Exemple : Elle m'a répondu : Je viendrai te voir demain.

Discours indirect : Elle m'a répondu qu'elle viendrait me voir le lendemain.

Discours indirect libre : Elle viendrait me voir le lendemain.

Dans *Manon Lescaut*, le narrateur recourt largement au discours direct quand il s'agit de rendre compte de mouvements émotionnels.

Exemple : Scène du parloir : « Perfide Manon ! Ah ! perfide ! perfide ! »

Le discours indirect reste le plus fréquent quand le narrateur souhaite rapporter des conversations où les personnages se justifient, argumentent, expliquent, ce qui donne lieu à une syntaxe complexe, mimétique des méandres du raisonnement.

Exemple : Dialogue Tiberge/Des Grieux : « Il me répondit *que* l'aveu *que* je faisais me rendait inexcusable ; *qu*'on voyait bien des pécheurs *qui* s'enivraient du faux bonheur [...] mais *que*, de reconnaître, comme je le faisais, que l'objet de mes attachements n'était propre qu'à me rendre coupable et malheureux [...], c'était une contradiction d'idées et de conduite *qui* ne faisait pas honneur à ma raison. » (p. 89-90).

• La sincérité de Manon en question

Les manifestations de tendresse, de désespoir sont-elles l'expression d'un véritable amour ou le fruit d'un pur calcul ?

Deux passages essentiels, la scène du parloir et les retrouvailles après l'infidélité avec le jeune G. M., vont servir de support à l'étude du comportement troublant de Manon :

> Elle me dit, d'un ton timide, qu'elle confessait *que* son infidélité méritait ma haine ; mais *que*, s'il était vrai que j'eusse jamais eu quelque tendresse pour elle, il y avait eu, aussi, bien de la dureté à laisser passer deux ans sans prendre soin de m'informer de son sort, et *qu'*il y en avait beaucoup encore à la voir dans l'état *où* elle était en ma présence, sans lui dire une parole. (p. 41)

Il faut sans doute rappeler que le discours de Manon est retransmis par Des Grieux et que celui-ci, dans son récit, interprète, sélectionne. Toutefois, si l'on considère les propos de Manon, rapportés en style indirect, en eux-mêmes en quelque sorte, il semble que l'on puisse y voir un chef-d'œuvre de l'art de retourner une situation en sa faveur.

Résumons : Manon reproche à Des Grieux son silence passé et présent ! Ce grief s'inscrit dans une longue période dont la complexité syntaxique mime les méandres d'un raisonnement qui se veut efficace. L'enchâssement de propositions conditionnelle et relative à l'intérieur d'un réseau de complétives ôte toute spontanéité aux propos et met en doute l'innocence de Manon. Par ailleurs, comment interpréter la disproportion entre un bref aveu « son infidélité méritait ma haine » et un long réquisitoire contre un amant dont l'amour est contesté par une tournure hypothétique : « s'il était vrai que […] » ? Quelle intention prêter au choix des hyperboles aggravant l'ingratitude de Des Grieux ? Manon parle-t-elle le langage de l'amour blessé ou bien a-t-elle calculé son intervention de façon à faire mouche ? Rien ne permet de trancher et il appartient à chacun, avec sa sensibilité, son expérience de donner sa vérité. Des Grieux lui, répond à la plainte en réaffirmant sa pas-

sion : « Mon cœur n'a jamais cessé d'être à toi » (p. 42).
La phrase qui suit l'aveu : « À peine eus-je achevé ces
mots, qu'elle se leva avec transport pour venir m'embrasser » (p. 42) réactive le soupçon sur la spontanéité de
Manon par la simple présence de la locution adverbiale
« à peine » ; tout se passe comme si Manon profitait de la
faiblesse de Des Grieux (la déclaration d'amour) pour
reprendre définitivement en mains la situation en « acca-
bl[ant] de mille caresses » son chevalier. Manon, a priori
coupable, ne s'est-elle pas posée en victime pour mieux
triompher ?

Le face à face qui suit la trahison avec le jeune G. M.
nous laisse lui aussi perplexes. Tout d'abord Manon affiche une superbe sérénité, puis la panique, les pleurs s'em-
parent d'elle dès qu'elle observe une redoutable froideur
chez Des Grieux. D'ores et déjà nous pouvons hésiter entre
spontanéité ou stratégie. Mais c'est surtout l'explication
dans laquelle elle s'engage qui déconcerte ; l'idée d'en-
voyer une fille à Des Grieux est présentée comme un acte
de générosité :

> [...] c'était sincèrement que je souhaitais qu'elle pût
> servir à vous désennuyer quelques moments [...] (p. 155)

Cette justification qui pourrait paraître aberrante va dé-
clencher le remords chez Des Grieux qui conclut à l'in-
conscience, à l'irresponsabilité de Manon. Des Grieux
pardonne ; et le lecteur ? Il hésite sans doute à condamner
Manon ou à l'absoudre, et c'est dans cet impossible jugement que se vérifie toute la dualité de l'héroïne.

• L'évolution de Manon

La déportation en Louisiane sera fatale : non seulement
Manon y trouve la mort mais encore elle va perdre de son
mystère.

Déjà au Havre, l'altération de sa voix et de son humeur
annoncent un changement (voir p. 194-195). Puis, lors de
l'installation à New-Orléans, elle se montre capable d'ab-

négation en se souciant uniquement du confort de son chevalier. C'est alors que sonne l'heure du bilan, bilan dans
lequel elle condamne son comportement passé et décide de
renoncer à tout ce qui faisait son charme :

> J'ai été légère et volage, et même en vous aimant éper-
> dument, comme j'ai toujours fait, je n'étais qu'une ingrate.
> Mais vous ne sauriez croire combien je suis changée […].
> Je ne cesse point de me reprocher mes inconstances. (p. 199)

Dans cet autoportrait moral, Manon reconnaît son
ambiguïté en faisant coexister la frivolité et la passion et
atteint un niveau de conscience révélateur d'une méta-
morphose. Cette évolution vers la fidélité absolue, bien
sûr, ravit Des Grieux qui va pouvoir désormais prendre
possession de son objet d'amour :

> Ô Dieu ! m'écriai-je, je ne vous demande plus rien. Je
> suis assuré du cœur de Manon. Il est tel que je l'ai souhaité
> pour être heureux ; je ne puis plus cesser de l'être à présent.
> Voilà ma félicité bien établie. (p. 200)

Cependant, pour le lecteur cette sagesse peut être perçue
comme un appauvrissement du personnage. La mort frappe
Manon au moment où cette « étrange fille » perd ce qui faisait son charme, son pouvoir : le mélange de candeur et de
rouerie, d'amour et de légèreté. Manon, dépossédée d'elle-
même, est-elle encore en mesure d'alimenter les rêves du
lecteur ? Il faudra le regard de Des Grieux et ses talents de
créateur pour que l'image de Manon soit sauvée.

❑ Manon, une création de Des Grieux

• Le sens du mystère

Si, dans la presque totalité de l'œuvre, Manon échappe
au classement, si l'interrogation sur sa nature reste ouverte, c'est que Des Grieux a besoin d'une telle énigme
pour faire accepter des comportements inconcevables. S'il
refuse de définir définitivement Manon comme une parjure,

une infidèle, c'est qu'il est plus confortable pour lui de faire valoir les incohérences d'une créature insaisissable ; l'amour qu'il lui voue ne saurait s'accommoder d'une médiocrité absolue : la tension entre l'image d'un être adorable et celle d'un être diabolique justifie l'indestructible passion. Du même coup la quête du narrateur prend un caractère nécessaire : dans le récit de son histoire, Des Grieux s'efforce de trouver un sens à son attachement, de comprendre son obstination dans le vice, d'expliciter ses réactions. Le mystère de Manon oblige à une démarche analytique.

• Le processus d'idéalisation

À partir du moment où l'on admet que l'image d'une Manon mystérieuse justifie à la fois une passion et un récit, on en vient naturellement à s'intéresser au processus qui consiste à recréer, à inventer l'objet d'amour.

Le pouvoir de Manon

Il suffit de dresser l'inventaire des périphrases utilisées pour désigner Manon, pour mesurer le pouvoir illimité que la jeune fille exerce sur Des Grieux. Elle règne sur le cœur du chevalier en « princesse », « reine », « souveraine », « maîtresse » et rien n'est plus envoûtant que cet « objet si charmant », cette « créature » bizarre. Tous ces clichés, qu'ils soient empruntés au registre précieux ou qu'ils prennent une connotation religieuse (une créature étant l'œuvre de Dieu) participent tous d'un processus d'idéalisation conférant à Manon des pouvoirs magiques résumés dans cette déclaration enthousiaste de Des Grieux :

> Et puis, tu es une chimiste admirable, ajoutai-je en l'embrassant, tu transformes tout en or. (p. 199)

Un être idéal

Manon, la « câtin » (selon l'expression de Montesquieu) capable de s'offrir à qui sait faire miroiter sa fortune, se trouve hissée au rang des divinités par le récit de Des

Grieux, non seulement grâce à la toute-puissance de ses charmes mais aussi parce qu'elle connaît le malheur, en particulier celui de la déportation... Des Grieux dans sa narration offre un portrait de martyre (p. 190-194) souffrant en silence l'humiliation et réclamant la mort comme une délivrance :

> Mourons au Havre, mon cher Chevalier. Que la mort finisse tout d'un coup nos misères ! (p. 194)

Plus tard, le récit de la traversée du désert contribue à l'annoblir encore :

> Nous marchâmes aussi longtemps que le courage de Manon put la soutenir, c'est-à-dire environ deux lieues, car cette amante incomparable refusa constamment de s'arrêter plus tôt. (p. 210-211)

Manon en suivant Des Grieux dans sa fuite lui donne l'ultime preuve de son dévouement et ce sacrifice de soi l'élève et justifie le rituel de l'enterrement :

> J'ouvris une large fosse. J'y plaçai l'idole de mon cœur, après avoir pris soin de l'envelopper de tous mes habits, pour empêcher le sable de la toucher. [...] j'ensevelis pour toujours dans le sein de la terre ce qu'elle avait porté de plus parfait et de plus aimable. (p. 213)

Les superlatifs absolus viennent définitivement gommer les aspérités qui ont pu la rendre haïssable ; désormais Manon ayant atteint la perfection devient digne d'adoration : après le cérémonial, il ne restera plus que les mots pour célébrer cette divinité. Cette fille ordinaire, arrivant à Pacy avec un petit équipage, est devenue, sous le regard d'un amant passionné, un véritable mythe.

Qui est donc Manon ? Une silhouette floue, une énigme, un objet d'amour façonné par un narrateur épris d'un idéal.

L'impossible caractérisation nous amène à conclure avec R. Picard qu'il y a « autant de Manon que de lecteurs ». Loin d'être frustré par l'absence de repères précis, le lecteur peut à loisir projeter sur cette héroïne tous ses rêves.

Prolongements

1. **La mystérieuse Manon**

   – *Étudiez le comportement de Manon dans la scène du dîner interrompu :*
   p.25-26 : « Je me remplis [...] plus mort que vif. »
   Cette scène vous paraît-elle relever du vaudeville ou est-elle pour vous pathétique ?

   – *Comparez les passages suivants :*
   p.43-44 : « Elle m'apprit que [...] pardonner. »
   p.72 : « Elle me fit des reproches [...] Grand Turc au Sérail. »
   p.152-155 : « Elle m'apprit alors [...] à votre arrivée ».
   Appréciez les justifications de l'héroïne et sa conception de l'amour.

   – *Étudiez la portée du discours direct et du discours indirect dans la scène des retrouvailles après la trahison avec le vieux G. M. (p.72-73).*
   Quelles intentions ? Quels effets ?

2. *Images de la femme au XVIIIe siècle (voir p. 88)*

   Étudiez les textes complémentaires selon trois axes :
   – quels traits de caractère se dégagent de ces paroles de femmes ?
   – quels rapports entretiennent-elles avec les hommes ?
   – quels aspects les différencient de Manon ?

IV. « MANON LESCAUT », UNE TRAGÉDIE

L'histoire du Chevalier Des Grieux et de Manon Lescaut rappelle par bien des points la tragédie. J. Sgard dans son ouvrage *Prévost romancier*[1] souligne cette analogie en s'appuyant sur « la parfaite unité, la logique supérieure et la grandeur » dont témoigne l'œuvre de l'Abbé Prévost. Il est vrai que l'histoire du chevalier est celle d'une passion unique, exceptionnelle, soumise à des forces surnaturelles ; cependant le parallèle peut être poussé encore plus loin.

❏ Les motifs tragiques

• La noblesse

Des Grieux nous est d'abord présenté à travers le récit de l'Homme de Qualité qui reconnaît dans l'inconnu de Pacy un pair ayant « de la naissance et de l'éducation » (p. 7). Cette distinction est d'ailleurs confirmée par Des Grieux lui-même au moment où il fait état de la considération que lui valent l'appartenance à « une des meilleures maisons de P. » (p. 12) et une conduite exemplaire ; « la sagesse et la retenue » (p. 14) dont il a toujours fait preuve rendent plus inattendu le coup de foudre. Cet autoportrait fonctionne sur le principe du sous-entendu : la mise en valeur de telles qualités laisse en effet deviner le sacrifice des valeurs morales que suppose la rencontre avec une fille passionnée par le plaisir. De là naît la tragédie familiale opposant un père épris de vertu et un fils vouant son corps et son âme à une fille entretenue : il s'agit bien du conflit classique entre le sens de l'honneur, du devoir et la passion ; le chevalier aura beau implorer la clémence de son père, ce dernier ne fléchira pas et rétorquera avec une raideur aristocratique :

---

1. Éd. Corti, 1968.

> […] j'aime mieux te voir sans vie que sans sagesse et
> sans honneur. (p. 182)

Des Grieux ayant commis l'irréparable, la rupture apparaît comme une nécessité : « Adieu, fils ingrat et rebelle » (p. 184), le père ne pouvant accéder à l'idée que la dignité de son fils réside dans cet amour absolu pour Manon.

• Une passion douloureuse

Une souffrance excessive

Des Grieux fait l'expérience du tourment tantôt à cause de Manon, tantôt à cause de la société. La souffrance se manifeste aussi bien par des phases d'abattement que par des sursauts enragés rappelant les cris désespérés des héros tragiques :

> J'ai le cœur mortellement affligé. (p. 73)
> Je me trouvai […] dans un transport terrible de fureur.
> (p. 142)

Des Grieux se montre également capable de violence physique sous l'effet d'une douleur extrême. Lorsque G. M. lui apprend que Manon est emprisonnée à l'hôpital Général, le chevalier ne se maîtrise plus :

> Je me jetai sur lui avec une si affreuse rage que j'en perdis la moitié de mes forces. J'en eus assez néanmoins pour le renverser par terre, et pour le prendre à la gorge. Je l'étranglais, lorsque le bruit de sa chute […] (p. 84)

Un être habité par le conflit haine/amour

Tout comme un héros tragique, Des Grieux blessé hésite entre deux pôles extrêmes, l'adoration et le rejet ; ce balancement se produit pendant la séquestration chez son père, et pour mieux le rendre sensible le narrateur utilise le parallélisme de construction :

> Tantôt je ne considérais en elle que la plus aimable de toute les filles, […] tantôt je n'y apercevais qu'une lâche et perfide maîtresse […] (p. 34)

Cette oscillation enferme l'amant dans une impasse que le chiasme « une alternative perpétuelle de haine et d'amour, d'espérance ou de désespoir » (p. 34) illustre parfaitement. Les sentiments contradictoires peuvent aussi bien coexister (comme nous venons de le voir) que s'inscrire dans un mouvement de substitution. Ce phénomène d'effacement de la haine par amour s'observe lorsque Des Grieux se retrouve en présence de Manon après une trahison. Dans un premier temps, il laisse éclater son mépris « Perfide Manon ! Ah ! perfide ! perfide ! » (p. 41) ou encore « Amante mille fois volage et cruelle, qu'as-tu fait de cet amour que tu me jurais encore aujourd'hui » (p. 149). Cependant la colère tombe vite pour laisser la place à la passion : « Chère Manon [...] tu es trop adorable pour une créature » (p. 43) ou encore « Je la pris entre mes bras, je lui donnai mille tendres baisers » (p. 150). C'est donc dans cette contradiction que Des Grieux s'apparente au héros tragique capable d'anéantir l'être aimé et de le magnifier dans un même élan.

Le drame de l'incommunicabilité

Si Des Grieux ne parvient pas à dépasser cet antagonisme, c'est qu'il se heurte à une difficulté irréductible, celle de comprendre l'Autre. Chaque crise entre les amants est suivie de retrouvailles, dont les premiers instants révèlent un décalage entre un amant blessé, abattu et une maîtresse qui semble réjouie, épanouie. En fait, Manon n'adopte jamais le comportement auquel Des Grieux s'attend. Après la trahison avec le vieux G. M., Des Grieux paraît « triste et languissant » alors que Manon est « transportée de plaisir » (p. 72) en revoyant son chevalier. Cette gaieté déconcerte Des Grieux tout autant que la « tendresse ordinaire » avec laquelle Manon accueille un chevalier affichant son dédain après la trahison avec le jeune G. M. (p. 147-148). Donc, tout se joue, dans les premiers instants, dans la différence et il faudra des pleurs, des cris, des justifications... et la volonté chez Des Grieux d'absoudre Manon pour rétablir l'équilibre. Cette incommunicabilité semble dépendre de la définition que chaque individu donne à l'amour. Pour Des Grieux il s'agit d'un engagement total de l'être supposant une parfaite exclusivité alors que Manon, elle, n'exige que la fidélité du cœur et n'accorde aucun prix aux caprices du corps, d'où une désinvolture que l'amant prend pour de la cruauté :

> Ce sont là des coups qu'on ne porte point à un amant quand on n'a pas résolu sa mort. (p. 148)

Nous sommes donc en présence de deux logiques différentes jusqu'au moment où Manon renonce à elle-même (en Louisiane) : dès lors la distance se réduit puisque Manon se conforme aux attentes de son chevalier par le repentir et le don de soi.

• La fatalité et la mort

Le narrateur ne cesse, au fil de son récit, d'invoquer le destin selon une terminologie plutôt confuse, hésitant entre une fatalité chrétienne, la « Providence », le « Ciel » et une fatalité païenne, la « fortune », « le mauvais génie ». Ce flottement importe peu car l'essentiel, pour Des Grieux, est de faire croire à l'existence d'un ordre transcendant se jouant de lui et le menant inexorablement vers une issue tragique :

> J'ai remarqué, dans toute ma vie, que le Ciel a toujours choisi, pour me frapper de ses plus rudes châtiments, le temps où ma fortune me semblait le mieux établie. (p. 130)

La mort de Manon apparaît donc comme une nécessité et colore d'emblée le récit, comme le fait remarquer J. Sgard :

> Le narrateur est plein de cette catastrophe que l'on attend dès le début du roman.

Les moments de bonheur, brèves trêves, ne suffisent pas à faire oublier la menace d'un prochain coup du sort, d'autant que Des Grieux se sait condamné « [aux] courtes joies et [aux] longues douleurs » (p. 74).

❑ L'esthétique théâtrale

● L'art de la mise en scène

Les motifs tragiques ne justifient pas à aux seuls le rapprochement entre le roman de l'Abbé Prévost et la tragédie. Il apparaît aussi que le roman emprunte au théâtre en donnant à voir la passion de Des Grieux et le mystère que Manon porte en elle. Certaines scènes comme la scène du dîner interrompu (p. 25-26), celle du parloir (p. 41-42) se prêtent parfaitement à la représentation :

– entrée et sortie de Des Grieux nettement signalées :
« Je retournai au logis » ;
« À peine avais-je ouvert, que je me vis saisir par trois hommes » (p. 26) ;

– décor intimiste : une table éclairée par une chandelle ;

– gestuelle animant la scène : « J'embrassai Manon » ;
« Je me mis à table » ; « On nous servit à souper » ;
« Manon me donna un baiser » ;

– expressions et mimiques : Des Grieux affiche un « air fort gai », alors qu'on peut lire de la « tristesse sur le visage et dans les yeux » de Manon, de même qu'un « sentiment doux et languissant » ;

– dialogue : Des Grieux-narrateur ne rapporte pas les paroles des amants au style direct mais l'invitation à l'aveu («je la conjurai [...] de me découvrir le sujet de ses pleurs ») vient rompre un silence pesant.

Tous ces éléments donnent au narrataire le moyen de se représenter la scène d'autant que de nombreuses précisions sur les attitudes font office de didascalies. Ainsi dans la scène du parloir, les états d'âme des personnages se perçoivent grâce aux mouvements et aux positions du corps :

Je demeurai interdit à sa vue [...] les yeux baissés et avec tremblement.
Je demeurai debout, le corps à demi tourné. (p. 41)

Cette paralysie contraste avec une attitude plus dynamique de la part de Manon qui passe de la position debout

à la position assise, pleure, se lève, embrasse son chevalier. Ce décalage finit par être dépassé et la fusion des
cœurs se devine dans le mouvement commun : « Nous nous
assîmes l'un près de l'autre. Je pris ses mains dans les
miennes » (p. 42).

Le corps a son langage et cette scène rend compte du
pouvoir de Manon sur Des Grieux qui évolue de la paralysie et de l'aphasie vers les caresses et le dialogue.

• Le langage tragique

Nous pouvons remarquer dans le récit de Des Grieux
des marques propres au discours classique, dans le sens
où la fureur côtoie la sobriété.

La fureur

Les propos de Des Grieux font résonner le registre tragique par le recours à des mots-clefs tels que les adjectifs
« perfide », « ingrate », « infidèle », constituant le réper-
toire-type des amants outragés. Les situations de crise ne
trouvent leur mesure (ou leur démesure) que dans les hyperboles venant souligner l'acuité de la douleur : « le cœur
mortellement affligé » (p. 73), « mourir mille fois » (p. 150),
« cruel outrage » (p. 148), et dans les modalités exclamative et interrogative porteuses du plus vif courroux :

> Inconstante Manon [...] fille ingrate et sans foi, où sont
> vos promesses et vos serments ? Amante mille fois volage
> et cruelle, qu'as-tu fait de cet amour que tu me jurais
> encore aujourd'hui ? (p. 149)

Notons dans cette deuxième interrogation le glissement
vers le tutoiement révélateur d'une incapacité à se maîtriser. Cette familiarité ne compromet pas toutefois la
solennité du ton contenue dans les structures binaires, bien
équilibrées : « fille ingrate et sans foi », « vos promesses
et vos serments », « volage et cruelle », « désespoir et
abandon » (p. 149), « coquine et perfide » (p. 150).

La sobriété

En dépit de ces éclats, le langage garde malgré tout une
sobriété toute classique. Le recours à la litote vient, de

LA CONFUSION DU PRINCE ITALIEN
(Illustration de Pasquier, 1753, Bibliothèque Nationale.)

LA SCÈNE DU PARLOIR
(Illustration de Johannot, 1839, Bibliothèque Nationale.)

LA SCÈNE DU PARLOIR
(Illustration de Le Nain, 1881, Bibliothèque Nationale.)

temps à autre, apporter un contrepoids à la fureur en atténuant une appréciation sur le plan de la formulation. Ainsi Des Grieux pour suggérer les écarts de Manon tout en préservant sa propre sensibilité déclare « Je m'aperçus, à mon retour, qu'on ne l'avait pas désespéré par un accès de rigueur » (p. 136), la litote laisse deviner la générosité de Manon à l'égard du jeune G. M. Mais c'est au moment où Des Grieux entreprend le récit de la mort de Manon que le choix de l'épuration est particulièrement sensible :

> N'exigez point de moi que je vous décrive mes sentiments, ni que je vous rapporte ses dernières expressions. Je la perdis ; je reçus d'elle des marques d'amour, au moment même qu'elle expirait. C'est tout ce que j'ai la force de vous apprendre de ce fatal et déplorable événement. (p. 212)

Le caractère dépouillé du récit se vérifie dans la tournure négative qui suggère plus qu'elle ne dit la souffrance réactivée, dans l'euphémisation introduite par un terme aussi neutre que le terme « événement » et dans l'évocation détournée de la mort : « je la perdis ». Quant au compte rendu de l'inhumation (p. 213), il privilégie les verbes d'action (« je rompis », « j'ouvris », « je plaçai ») et ne laisse aucune place à l'analyse des sentiments.

Fureur et sobriété ? Comment résoudre ce paradoxe ?

Le récit s'effectuant avec le recul, le narrateur atténue, estompe les contours trop marqués de certains comportements sans pour autant être en mesure de maîtriser toutes ses émotions, tant le souvenir reste vivant.

❏ Une tragédie impure ?

● Les impuretés

Si, par le contenu et par la forme, le roman de l'Abbé Prévost rappelle la tragédie, on ne saurait néanmoins passer sous silence les écarts. Manon, contrairement aux héroïnes tragiques, est d'une « naissance commune » (p. 17) et il arrive que Des Grieux exprime son dégoût, lors d'un mouvement de colère, contre la « grossièreté de sentiments » (p. 67), quand elle justifie son infidélité par la peur du manque. La réalité vulgaire s'introduit dans l'histoire des amants non seulement à travers la personnalité de Manon, mais à travers les soucis d'argent du couple, les salissures auxquelles Des Grieux consent en acceptant les propositions du frère de Manon. Voilà de quoi compromettre le sublime auquel prétend la tragédie.

• La présence du comique et son sens

Même si le malheur occupe une large place dans l'histoire de Des Grieux, certains épisodes donnent au récit une allure de comédie. Le tour que jouent Manon et Des Grieux au vieux G. M. rappelle les farces de Molière où se rejoignent, pour le plaisir du spectateur, le barbon, la belle et l'amant. Cependant la plaisanterie tourne court et le vieux barbon abusé prend sa revanche et fait basculer l'histoire dans la tragédie. Plus loin, la parodie de Racine à laquelle se livrent les deux amants, après la proposition du jeune G. M., apporte une note de fantaisie et témoigne d'une capacité à rebondir alors même que Des Grieux a déjà fait les frais de la légèreté de Manon (voir p. 137). Une fois encore, la comédie tourne mal et Des Grieux se heurte à l'indéchiffrable : Manon cède au jeune G. M. Après la trahison, nous assistons à un nouveau sursaut lorsque Des Grieux et Manon avec la complicité de M. de T. envisagent de s'offrir une belle soirée aux dépens de leur hôte. La sanction tombe sans tarder.

Il convient de s'interroger sur le sens de ces scènes de comédie : l'analyse de J. Sgard nous paraît particulièrement éclairante lorsqu'il appréhende l'intrusion du comique au cours de la tragédie comme « une parodie de la réalité menaçante » *(Prévost romancier)*. On peut en effet penser que le couple s'offre un divertissement soit pour panser une blessure, comme c'est le cas pendant le repas chez le vieux G. M., soit pour conjurer le mauvais sort, comme c'est le cas dans le jeu parodique ; nous savons que Des Grieux craint que Manon ne tombe dans son propre piège :

> Le projet est joli, lui dis-je, mais tu ne songes pas, mon pauvre enfant, que c'est le chemin qui nous a conduits droit à l'Hôpital. (p. 135)

Et pourtant il donne la réplique à Manon qui, « en ajustant des vers de Racine », se veut rassurante (p. 137) :

> *Moi ! vous me soupçonnez de cette perfidie ?*
> *Moi ! je pourrais souffrir un visage odieux,*
> *Qui rappelle toujours l'Hôpital à mes yeux ?*

Et Des Grieux de poursuivre la parodie :

> *J'aurais peine à penser que l'Hôpital, Madame,*
> *Fût un trait dont l'Amour l'eût gravé dans votre âme.*

Ces audaces, ces jeux seraient alors des pirouettes propres à exorciser la peur et révéleraient la conscience aiguë d'un drame imminent, une lucidité que seul le rire rendrait supportable.

Pour conclure, laissons la parole à J. Cocteau[1] dont la formule rend compte de ce mélange de gravité et de fantaisie :

> Le fil rouge de la tragédie reste tendu d'un bout à l'autre de cette œuvre légère et lui donne sa noblesse profonde.

Repères

TRAGÉDIE ET PASSION RACINIENNE

1. La tragédie

- *Les origines* : la tragédie, née en Grèce, est à l'origine un spectacle religieux, national et en partie lyrique. Les représentations ont lieu à l'occasion des fêtes Dionysiaques.
- *Évolution* : ce spectacle devient profane et s'inspire de l'histoire ou de légendes étrangères.
- *Les personnages* : ils sont de rang élevé et bénéficient d'un caractère exceptionnel : grandeur

---

1. « Manon », *Revue de Paris*, LIV, 7 oct. 1947.

d'âme exemplaire. Le héros tragique n'est pas libre, il subit le poids de la fatalité.

– *La structure* : la tragédie nous introduit d'emblée au cœur d'une crise qui progresse et ne peut se résoudre que dans la mort.

– *Les règles de la tragédie classique* :
  • *la règle de la vraisemblance* : il convient de respecter le tempérament des personnages, les mœurs d'un peuple, la couleur d'une époque et de ne pas trahir le bon sens par des péripéties extravagantes ;
  • *la règle de la bienséance* : elle interdit les excès et les scènes susceptibles de choquer la sensibilité du public, comme la représentation de la mort du héros sur la scène.

– *Les fins de la tragédie* :
    plaire et toucher ;
    purger les passions : la catharsis.

On considère que le spectacle tragique permet aux passions de se manifester et d'être finalement évacuées et purifiées. C'est dans une parole-action que se réalise ce processus. Le langage donne au héros l'occasion d'aller jusqu'au bout de ses audaces, de sa passion et le libère de ce qui l'oppresse ; le spectacle de cette parole-action exerce une purgation chez le spectateur.

2. La passion racinienne

Le héros racinien est soumis à la toute puissance et aux caprices d'une divinité ; il a beau être conscient de cet ordre transcendant, l'exercice de sa liberté est réduit à néant. La passion le dévore, triomphant de la raison, et ne cesse de nourrir des sentiments contradictoires : haine et amour.

Si l'on peut reconnaître Des Grieux dans ce profil, l'analogie doit s'arrêter là car le héros racinien est aussi celui qui s'emploie, par dépit, à faire le malheur de celui [ou celle] qu'il aime, à souhaiter sa mort, différence fondamentale avec Des Grieux qui cherche avec obstination la voie du bonheur, un bonheur à partager avec Manon.

Prolongements

1. **L'incommunicabilité**
   – Montrez comment la scène du dîner interrompu (p. 25-26) et le dialogue entre Des Grieux et Manon après la trahison avec le vieux G. M. (p. 73) révèlent une difficulté à se comprendre, témoignent de l'indéchiffrable.
   – Commentez cette phrase de Des Grieux (p.47) : « Manon était passionnée pour le plaisir ; je l'étais pour elle. »

2. **La théâtralité**
   – Étudiez l'esthétique théâtrale de l'épisode du Prince italien (p. 127-128). Quel décor ? Quelle atmosphère ? Quelles attitudes ?

3. **Le comique**
   – Lorsque Des Grieux organise l'évasion de Manon, il se retrouve dans la rue en culotte.
   – Comment appréciez-vous cette situation ? Y voyez-vous une dimension burlesque, ou, au contraire, considérez-vous, comme le suggèrent F. Deloffre et R. Picard, que cet épisode confère un « nouveau prestige » au chevalier dont la noblesse se trouve accentuée par cette confrontation avec le vulgaire ?

V. LE ROMAN DE LA PASSION

L'Avis de l'Auteur annonce un « exemple terrible de la force des passions » à partir duquel le lecteur est censé tirer des enseignements. L'emploi du pluriel « les passions » nécessite un rappel de la distinction entre les passions dont parle Descartes dans le *Traité des Passions*, à savoir la haine, l'amour, le plaisir, la douleur, l'espérance, la crainte, et la passion dominante, exceptionnelle, qui mobilise tout l'être et fait émerger ce que l'homme a de meilleur en lui. L'histoire de Des Grieux offre un exemple de passion dominante qui « élève au dessus du vulgaire » (p. 80) mais qui reste obscure, difficile à cerner tant elle se perd dans des contradictions et des égarements qui ne facilitent pas l'accès au bonheur.

❏ Le pouvoir de la passion

• Aveuglement et lucidité

Dans l'Avis de l'Auteur, nous trouvons une information préoccupante concernant le héros :

> J'ai à peindre un jeune aveugle, qui refuse d'être heureux, pour se précipiter volontairement dans les dernières infortunes ; […] qui prévoit ses malheurs, sans vouloir les éviter ; qui les sent et qui en est accablé, sans profiter des remèdes qu'on lui offre sans cesse et qui peuvent à tous moments les finir. (p. 2)

Ces lignes, construites sur le schéma récurrent :

relatif + pressentiment du malheur
+ privatif (sans) + idée d'autodestruction,

figurent le conflit opposant la lucidité et l'aveuglement. Le narrateur, nous l'avons vu dans le chapitre II, nie sa liberté et se place en victime de la société, de la fatalité, des infidélités de Manon. Or, l'auteur des *Mémoires* semble désigner une volonté de s'abuser, un refus obstiné de ne pas prendre en compte les avertissements, cela contribue à faire de Des Grieux un être responsable, auteur de sa propre tragédie. Si nous prenons le cas de la première trahison de Manon avec M. de B. nous pouvons observer une sorte d'intuition du malheur. Des Grieux, alerté par certaines anomalies, pressent « les libéralités d'un nouvel amant » (p. 24), mais après cet éclair de lucidité, il s'empresse de se rassurer en se rappelant la ferveur de leurs effusions :

> Il fallait nous dire sans cesse que nous nous aimions ; nous serions morts d'inquiétude sans cela. (p. 24)

Prenant appui sur ces aveux réconfortants, il ne tarde pas à tirer une conclusion témoignant du refus de se rendre à l'évidence :

> Je ne pouvais donc m'imaginer presque un seul moment où Manon pût s'être occupée d'un autre que moi. (p. 24)

L'adverbe *presque* apporte toutefois une restriction et ouvre une porte sur la trahison ; les signes de tendresse ne sont pas fiables, le besoin de l'Autre fait illusion, mais Des Grieux rejette le soupçon en faisant appel à l'auto-suggestion : il reconnaît se « remplir si fortement de cette opinion qu'elle eut la force de diminuer beaucoup [sa] tristesse » (p. 25). Des Grieux a beau savoir au plus profond de lui-même que Manon l'a trahi, il s'obstine à faire valoir l'innocence de sa maîtresse ; après l'enlèvement, il se raccroche une fois encore aux signes (« tendre baiser », « larmes ») pour se « persuader » (p. 27) d'une intervention extérieure de « quelques personnes de connaissance » (p. 27). En fait, l'image de l'Autre ne peut supporter la moindre égratignure et même les preuves les plus flagrantes de la responsabilité de Manon se heurtent à la cécité, témoignage de la toute puissance de la passion. Des Grieux préfère soupçonner son père d'avoir exercé une pression sur Manon plutôt que d'admettre la trahison de celle-ci. « Soyez sûr, mon cher père, qu'elle ne m'a point trahi » (p. 33) finit-il par déclarer. Il en est de même, lors de la troisième trahison : Des Grieux se sentant menacé par le coup de foudre et les propositions du jeune G. M. essaie de dissuader Manon de recevoir les générosités du fils d'un rival :

> Je fis encore des efforts pour lui ôter cette entreprise de la tête et je lui en représentai tous les dangers. (p. 138)

Pourtant, en dépit de ce mauvais pressentiment, il cède et laisse Manon se rendre au rendez-vous.

Lors des retrouvailles, la douleur lui rend sa lucidité puisqu'il est capable de supposer une simulation : « Vous affectez une tristesse que vous ne sauriez sentir » (p. 149) ; mais son amour pour Manon triomphe au point qu'il va s'avouer « indigne d'être aimé d'une fille comme elle » (p. 150), retournement révélateur de son assujettissement. Toutes ces réactions nous obligent à convenir, avec l'auteur des *Mémoires*, que Des Grieux va bel et bien au-devant du malheur.

● Le sacrifice de soi

Vivre une passion absolue revient à accepter le risque de s'aliéner, de se perdre. Or l'Abbé Prévost analyse subtilement le paradoxe selon lequel l'être passionné peut être tout à la fois dépossédé de lui-même et capable de rester lui-même, et même de se révéler à lui-même grâce à cet état paroxystique.

Le sacrifice de soi passe d'abord par un renoncement à des privilèges de naissance ; même si la colère, la douleur de la trahison lui font regretter la « fortune et [les] douceurs de la maison de [son] père » (p.68), le chevalier respecte son engagement initial : employer sa vie à rendre Manon heureuse quitte à « perdre [sa] fortune et [sa] réputation » (p. 43). Au sacrifice matériel et social s'ajoute le sacrifice moral. La conversation avec Tiberge dans le jardin du Palais-Royal met l'accent sur une déchéance inacceptable et inattendue chez un être amoureux de la vertu (p. 59). Il faut bien admettre que le chevalier fait l'apprentissage du vice et démontre l'étendue de sa faiblesse : faiblesse dans la scène du parloir, où, après avoir traité Manon d'« infidèle » et de « perfide », il se laisse attendrir par les caresses ; faiblesse encore devant la pression du frère de Manon qui parvient à lui faire accepter les ressources du jeu ; faiblesse toujours, après la trahison avec le vieux G. M. quand il se laisse émouvoir par les pleurs de Manon (p. 72) ; faiblesse enfin quand, après avoir dit adieu à la « lâche créature » qui l'a trompé avec le jeune G. M., il se confond en excuses :

> Je lui demandai pardon de mon comportement. Je confessai que j'étais un brutal [...] (p. 150)

Tout se passe comme si chaque crise servait de tremplin à un regain de la passion, comme si à chaque fois Des Grieux s'enfonçait plus encore dans la dépossession de soi.

Et pourtant cette passion éclaire, révèle l'être à lui même. L'histoire avec Manon extrait Des Grieux de son confort, de son ignorance aussi, et surtout lui donne accès à une part de lui-même qu'il ne soupçonnait pas. À peine a-t-il fait la connaissance de Manon qu'il se dit « éclairé » et *sait* qu'il doit tout entreprendre pour sauver la belle inconnue du couvent… et se donner ainsi la chance de connaître le bonheur. L'expérience de la passion l'oblige à une réflexion, à une analyse du cœur ; mais « la mer de raisonnements et de réflexions » (p. 113) à laquelle il se livre volontiers ne conduit pas forcément vers l'élucidation. Le mystère de l'Autre, son propre mystère restent entiers : pourquoi Manon se donne-t-elle aux autres alors qu'elle est prête à mourir si son chevalier la renie ? Pourquoi affiche-t-elle tant de gaieté alors qu'elle devrait être mortifiée après des trahisons répétées ? Pourquoi ne parvient-il pas à renoncer à cette fille entretenue ? Pourquoi s'obstine-t-il dans le malheur ? Autant de questions qui justifient la quête du narrateur, qui le conduisent vers une meilleure connaissance de soi et de la passion, même si le cœur reste souvent impénétrable.

❑ La poésie de la passion

• Un destin exemplaire

La passion est vécue comme une chance dans le sens où la puissance des émotions qu'elle engendre « élève au-dessus du vulgaire » (p. 80). Des Grieux se plaît d'ailleurs à distinguer « le commun des hommes », uniquement sensible à des passions primaires, des « personnes d'un caractère plus noble » qui, elles, ont le privilège d'être « remuées de mille façons différentes » (p. 80). Le dépassement des sensations ordinaires confère à cette élite une belle dignité, la souffrance étant envisagée comme une bénédiction, un signe d'élection, comme le fait remarquer Des Grieux, en réponse à la plainte de Manon :

> […] c'est pour moi un sort digne d'envie que d'être malheureux avec vous. (p. 194-195)

Si le malheur anoblit, Des Grieux ne peut échapper à ce privilège puisque toute son histoire avec Manon résonne de ses souffrances. Les procédés d'intensification contribuent à souligner le caractère extraordinaire, unique, de la douleur, qui s'exprime par un réseau d'insistances : métaphore de l'eau avec les ruisseaux et les torrents de larmes (p. 31, p. 142) ou métaphore du vide avec les précipices (p. 74), ou encore nombreux superlatifs destinés à rendre le destin du chevalier exemplaire :

> J'ouvris […] la bouche pour proférer les plaintes les plus tristes et les plus touchantes. (p. 31)
> Nous étions l'un et l'autre dans une des plus tristes situations dont il y ait jamais eu d'exemple. (p. 191)

En somme, tout concourt à faire du chevalier un héros tragique grandi par une passion sublime, par un malheur « qui n'eut jamais d'exemple » (p. 211).

• L'indicible

L'intensité des émotions vécues ne saurait s'accommoder des mots ordinaires. Le récit de Des Grieux, alors même qu'il exhibe le pouvoir du langage, dévoile sa faillite. À plusieurs reprises Des Grieux renonce à expliciter ses sentiments, ses réactions ; ainsi préfère-t-il suggérer le trouble que suscitent les paroles de Manon au parloir dans la tournure négative « le désordre de mon âme, en l'écoutant, ne saurait être exprimé » (p. 41), plutôt que de le dénaturer

avec des termes inadéquats. Après la lecture de la lettre
expliquant la trahison avec le vieux G. M., l'expérience de
la faillite du langage va encore plus loin :

> Je demeurai, après cette lecture, dans un état qui me
> serait difficile à décrire car j'ignore encore aujourd'hui par
> quelle espèce de sentiments je fus alors agité. Ce fut une de
> ces situations uniques auxquelles on n'a rien éprouvé qui
> soit semblable. On ne saurait les expliquer aux autres, parce
> qu'ils n'en ont pas l'idée ; et l'on a peine à se les bien dé-
> mêler soi-même, parce qu'étant seules de leur espèce, cela
> ne se lie à rien dans la mémoire, et ne peut même être rap-
> proché d'aucun sentiment connu. (p. 67)

Dans l'exemple cité, le narrateur s'efforce de dire l'in-
suffisance du langage pour exprimer une expérience sin-
gulière. Les tournures négatives abondent pour signaler
l'absence absolue de références : « rien ; on ne saurait ;
n'en ont pas l'idée ; ne se lie à rien ; et ne peut même… ».
La construction intellectuelle que suppose le langage est in-
opérante quand il s'agit de définir une situation hors-norme,
échappant à toute démarche analogique. Le récit qui se
veut pourtant analytique, éclairant, trouve ici ses limites car
le sentiment est irréductible. Et même si Des Grieux pour-
suit son commentaire en tentant de connaître des passions
courantes : « Il est certain qu'il devait y entrer de la douleur, du dépit, de la jalousie et de la honte » (p. 67), il
tient à se distinguer du commun.

• Une histoire recréée

Devant une expérience aussi exceptionnelle, le narrateur est tenté de modifier le rapport au réel et de trans-
figurer une histoire, par certains aspects, plutôt ordinaire
(coup de foudre pour une charmante créature), parfois
triviale (ruptures-réconciliations ; tricheries ; bassesses)
en un « parfait amour » (p. 213). En entreprenant son récit,
il part en quête d'une unité que la vie ne lui a pas offerte ;
il reconstitue ainsi son histoire comme un roman organisé
dont l'héroïne est magnifiée, perspectives que nous avons

étudiées aux chapitres II et III. Cette idéalisation comble un manque et le récit d'un « amour parfait » donne à Des Grieux une nouvelle raison de vivre ; le chevalier assure son salut en se remémorant la joie d'avoir vécu une passion unique mais aussi un malheur exceptionnel ; la souffrance constitue une source de plaisir et la sublimation assure une revanche sur le temps, la création d'un mythe donnant accès à l'éternité. Des Grieux, amant éperdu de Manon, accède au statut de romancier. Comme il le dit lui-même, l'amour opère des « prodiges » (p. 15) : tel un alchimiste, il transforme le malheur en chance, un homme affligé par la perte de l'Autre en un poète heureux de dire Manon, heureux de faire valoir une autre dignité que celle que lui a apprise son père, la dignité de l'amour absolu.

Prolongements

1. **L'impossible lucidité**
   – *Étudiez les réflexions de Des Grieux dans le passage (p. 68) « Cependant elle m'abandonne [...] s'y exposer volontairement » : comment le conflit lucidité/aveuglement est-il mis en valeur ?*
   – *Étudiez le choix des pronoms, la syntaxe ; observez la conclusion.*

2. **Le sacrifice**
   – *Recherchez (p. 72) « Malgré la résignation [...] tout en pleurs », les indices vous permettant d'anticiper sur l'issue de l'entrevue.*

3. **La passion** (voir Documents complémentaires, p. 95)
   a) **Le coup de foudre**
      – *Comparez la scène de la rencontre entre Manon et Des Grieux, avec la rencontre entre Julien et Mme de Rênal, entre Frédéric et Mme Arnoux.*
      Quel est le rôle du regard ? Quels effet produit le coup de foudre ? Quelle est la place de la description et

quelle est sa fonction ? Quels effets produit le discours indirect ? Comment l'auteur nous aide-t-il à percevoir la portée de cet événement ?

b) L'impossible définition

Nous avons vu, à travers les commentaires de Des Grieux la difficulté à définir des émotions, des sentiments.

– Montrez comment le texte de Marivaux illustre cette défaillance : étudiez le lexique, la syntaxe, les articulations entre les phrases, les mots.

c) Le jugement porté sur la passion

– Comparez et analysez la réaction de la Princesse de Clèves à travers le monologue intérieur et celle de Des Grieux face à Tiberge (p. 59) : « Je sentis tout le prix [...] objet si charmant ».

– Étudiez l'expression du remords chez l'héroïne (lexique, modalités des phrases...). Quelle est la place des préoccupations morales chez Des Grieux ? En quoi ces deux conceptions de l'amour reflètent-elles les mentalités des XVIIᵉ et XVIIIᵉ siècles ?

VI. LA LEÇON

Le roman de l'Abbé Prévost pose la question essentielle de la quête du bonheur. Cette recherche de la félicité est avouée par l'Homme de Qualité dans le tome I *des Mémoires d'un Homme de Qualité*, lorsqu'il répond au Père Bouhours que ses goûts littéraires le guident vers :

> [...] un bon livre de morale où les détours du cœur humain fussent bien expliqués ; les avantages de la vertu et les douceurs d'une vie bien réglée exposés dans tout leur jour ; enfin l'homme fût bien traité.

La quête de Des Grieux doit donc satisfaire les attentes de Renoncour dans la mesure où, sans privilégier « les douceurs d'une vie réglée », d'une part, elle problématise la relation que le bonheur entretient avec la vertu, d'autre part, elle s'accompagne d'un besoin d'analyser, de « bien trait[er] » la complexité des sentiments.

Il est temps à présent de s'interroger sur le message que l'Abbé Prévost tient à transmettre à travers la vie et le récit de Des Grieux.

❑ Le sensualisme

● Les courants philosophiques

À l'époque où l'Abbé Prévost écrit *Manon Lescaut*, l'influence de l'*Essai sur l'entendement humain* du philosophe anglais Locke se fait sentir et l'idée que les sensations jouent un rôle déterminant dans l'accès à la connaissance résonnera, un peu plus tard, dans les œuvres du philosophe français Condillac, *Essai sur l'origine des connaissances humaines* (1749) et *Traité des sensations* (1745).

Il règne donc un climat intellectuel qui réhabilite le sentir et substitue, à l'innéisme cartésien, l'empirisme.

• Manon Lescaut et le sensualisme

L'Avis de l'Auteur, tout d'abord, se fait le reflet des tendances de l'époque, puisque l'Homme de Qualité nous invite, non pas à une démonstration verbale, mais à un spectacle en se proposant de « *peindre* un jeune aveugle », en nous soumettant un « *tableau* » dans lequel le public « *verra* […] un exemple terrible de la force des passions ».

Le déploiement du champ lexical de la vue rend compte de ce souci de nous donner à voir les effets de la passion et d'accorder la priorité aux sens. Ainsi les images se substituent au discours et c'est à travers les émotions éprouvées à la *vue* de cet exemple représenté que le lecteur accédera à la connaissance. Cela revient à disqualifier la rhétorique, pour privilégier un autre mode d'accès à la connaissance du cœur humain. Quant au récit de Des Grieux, il sollicite largement le registre visuel ; quand il s'agit de comprendre Manon, le chevalier interroge ce qui est soumis à sa vue, à savoir son visage, ses yeux. Après la première trahison, Des Grieux croit « apercevoir de la tristesse sur le visage et dans les yeux de [sa] chère maîtresse ». Un jeu de regards traduit le malaise et en dit peut-être plus que les mots, souvent trompeurs :

> Je remarquai que ses regards s'attachaient sur moi d'une autre façon […].
> Je la regardai avec la même attention ; et peut-être n'avait-elle pas moins de peine à juger de la situation de mon cœur par mes regards. (p. 25)

Après la deuxième trahison, le premier échange passe par les yeux et chacun se fait une idée du paysage intérieur de l'autre en se fiant au spectacle qu'il donne :

> Je lui parus triste et languissant. Elle, au contraire paraissait transportée du plaisir de me revoir.

Tout est dit sur l'incommunicabilité !

Cette réhabilitation des sens nous conduit à analyser leur rôle dans la quête du bonheur.

❏ L'idée du bonheur

• Bonheur et connaissance

Robert Mauzi dans *L'Idée du bonheur au XVIIIe siècle*[1] évoque la dualité de l'homme du XVIIIe siècle « qui a une vocation pour le malheur mais qui est tendu vers une quête fondamentale, celle du bonheur ». Des Grieux se fait l'écho de cette tension puisque, comme nous l'avons vu dans le chapitre précédent, il se jette sans vouloir les éviter dans les « dernières infortunes » (p. 2), tout en consacrant sa vie à rechercher le bonheur.

Mais en quoi consiste ce bonheur ? Comment peut-on atteindre ce but ? Le choix que fait Des Grieux apporte une réponse à ces questions : c'est dans l'expérience d'émotions intenses, d'états de tension extrême que l'homme peut espérer trouver un aboutissement à sa quête car, à ce moment-là, il est conscient de son existence et se révèle à lui-même. D'ailleurs Des Grieux, dès le coup de foudre, découvre un potentiel jusqu'alors endormi :

> Mon cœur s'ouvrit à mille sentiments de plaisir dont je n'avais jamais eu l'idée. (p. 16)

Cet éveil justifie son attachement à Manon.

• Réhabilitation de la passion

Les moralistes, les philosophes qui s'intéressent alors au fonctionnement de la passion y voient tantôt une œuvre de la nature à laquelle on n'a plus qu'à s'abandonner, tantôt une occasion pour l'homme d'être présent à lui-même et d'exprimer ce qu'il a de meilleur en lui. Si le rôle de l'homme dans le processus de la passion est perçu différemment, il convient toutefois de noter quelques points de convergence : le refus de considérer la passion comme un état pathologique et la volonté d'en faire une source de jouissance. Personne n'est mieux placé que Des Grieux pour réhabiliter la passion ; la visite de Tiberge à Saint-

---

1. Éd. A. Colin, 1960.

Lazare va donner au chevalier l'occasion de justifier son choix. Après avoir rappelé son obstination à chercher le bonheur dans une « fatale tendresse » (p. 89), démarche désavouée par son ami, Des Grieux s'engage dans un débat où le plaisir de la vertu, soutenu par Tiberge, va être mis à l'épreuve :

> Tiberge, repris-je, qu'il vous est aisé de vaincre, lorsqu'on n'oppose rien à vos armes ! […] Pouvez-vous prétendre que ce que vous appelez le bonheur de la vertu soit exempt de peines, de traverses et d'inquiétudes ? Quel nom donnerez-vous à la prison, aux croix, aux supplices et aux tortures des tyrans ? Direz-vous, comme font les mystiques, que ce qui tourmente le corps est un bonheur pour l'âme ? […] Ce bonheur, que vous relevez tant, est donc mêlé de mille peines, ou pour parler juste, ce n'est qu'un tissu de malheurs au travers desquels on tend à la félicité. (p. 90)

Dans cette prise à partie, Des Grieux se plaît à dénoncer le paradoxe du discours religieux à l'aide d'antithèses frappantes : *tourmente/bonheur*, *bonheur/peines*, *malheurs/félicité*, et d'interrogations oratoires destinées à renvoyer les mystiques à leur propre imposture. Après ce réquisitoire, Des Grieux expose son expérience de martyr : « la voie où je marche est malheureuse » ; mais cette ascèse a le mérite de laisser une porte ouverte sur l'espérance et c'est ce qui fait la différence entre le bonheur proposé par Tiberge, bonheur « éloigné », « d'une nature inconnue qui n'est certaine que par la foi » et le bonheur recherché par Des Grieux « proche », « sensible au corps », beaucoup plus accessible. Si, dans son argumentation, Des Grieux a d'abord accepté de comparer deux types de bonheur – bonheur dans l'exercice de la vertu, bonheur dans l'expérience de la passion –, il conclut le débat en rejetant la proposition de Tiberge dans la mesure où elle suppose le sacrifice du plaisir :

> L'unique chose que je veux conclure ici, c'est qu'il n'y a point de plus mauvaise méthode pour dégoûter un cœur de l'amour, que de lui en décrier les douceurs et de lui promettre plus de bonheur dans l'exercice de la vertu. De la manière dont nous sommes faits, il est certain que notre félicité consiste dans le plaisir […] (p. 92)

Des Grieux invoque la nature humaine pour défendre le droit au plaisir, plaisir de l'instant qui, même s'il n'est que passager, est immédiatement perceptible. La mission de l'être, aux yeux de Des Grieux, n'est pas de se faire violence pour se plier à une vertu austère, mais de suivre sa nature en cherchant le plaisir.

• Bonheur et vertu : une impossible conciliation

Qui veut atteindre le bonheur par l'amour s'expose au sacrifice de la vertu. Même si Des Grieux tressaille parfois devant son obstination dans le vice, il ne remet pas son choix en cause et va jusqu'au bout de lui-même. Il lui faudra attendre la disparition de son objet d'amour pour retrouver le chemin de la vertu ; tant que Manon est en vie, il se montre capable de bafouer tous les principes moraux, toutes les règles sociales : il ment à son ami, à son père pour obtenir leur aide ; il triche pour subvenir aux besoins de Manon ; il joue l'hypocrite devant le supérieur de Saint-Lazare ; il tue un homme pour voler au secours de la maîtresse de son cœur sans s'encombrer de scrupules et en accusant le Père : « Voilà de quoi vous êtes en cause, mon Père » (p. 98) ; il corrompt des archers… En somme, Des Grieux ne recule devant aucun obstacle pour vivre sa passion.

Seul le malheur suprême, à savoir la perte de Manon, le libère des chaînes du vice et le ramène sur le droit chemin ; cette évolution soutient l'idée d'une incompatibilité entre amour et sagesse et obéit à une nécessité de réparation morale et sociale s'inscrivant dans le « traité de morale » annoncé par l'auteur des *Mémoires*.

❑ Quel jugement porter sur Des Grieux et Manon ?

• La passion approuvée

Le regard des anonymes qui croisent le couple se charge le plus souvent de bienveillance. Lors de l'étape à Saint-

Denis, les hôtes et postillons sont charmés par ces « deux enfants […] qui paraissaient s'aimer jusqu'à la fureur » (p. 20). Plus tard, ces mêmes hôtes se lamentent sur le sort du chevalier privé de Manon et rappellent une image attendrissante : « Les pauvres enfants, comme ils se caressaient » (p. 28).

Un homme entre dans la vie des deux amants, M. de T., il viendra en aide au couple tant il est sensible au spectacle d'une passion exceptionnelle et, de ce fait, enviable. Ce sont ces mêmes raisons qui déclenchent la générosité de l'Homme de Qualité à Pacy ; le récit de Des Grieux, lors de leur première rencontre, a fait prendre conscience à Renoncour de la beauté de la passion.

• L'essentialisme

Les deux amants ont beau se distinguer par leur charme et par la force de l'amour qui finit toujours par les réunir, il n'empêche que leur comportement surprend, dérange et que l'on peut être tenté de souscrire au jugement de Montesquieu qui voit en eux « un fripon » et « une catin ». Or, Prévost semble vouloir nous dire que ses héros ne sont pas fondamentalement mauvais mais qu'ils sont simplement trahis par leurs actes. Il nous invite à considérer leur essence, leur bonne nature et à accepter l'idée selon laquelle leurs mauvais agissements sont mis au service d'une bonne intention. Cette distorsion entre l'essence du héros et son comportement est signalée dès l'Avis de l'Auteur, dans un chiasme enfermant le « jeune aveugle » dans une contradiction :

> Un contraste perpétuel de bons sentiments et d'actions mauvaises. (p. 2)

Cette dissociation se vérifie dans la vie de Des Grieux, capable d'une grande pureté de cœur mais, en même temps, de délits condamnables dès qu'il sent Manon en danger et sa passion menacée.

Son retour à la vertu après la mort de Manon tend à prouver son innocence naturelle et à soutenir l'idée que la transgression des règles morales a été le résultat de pressions accidentelles : pression du frère de Manon, pression de l'argent, réaction de survie lors des emprisonnements. Et puis, ne doit-on pas pardonner les écarts d'un chevalier qui vole au secours de la maîtresse de son cœur, ou qui, pour ne pas la perdre, ramène à la maison de l'argent gagné malhonnêtement ? Nous voilà en présence d'une casuistique qui laisse perplexe. Quant à Manon, elle est innocentée par Des Grieux qui, à la suite de ses accès de colère, convient, lors de la troisième trahison, qu'« elle pèche sans malice » et qu'« elle est droite et sincère » (p. 156). La conclusion de Des Grieux donne l'avantage à la nature et rend Manon irresponsable du mal qu'elle peut lui faire. Là encore, l'évolution de Manon se chargera de confirmer sa bonne nature (voir chap. III, p. 27).

• Le point de vue du lecteur

Si la passion est innocente, comme l'affirme Des Grieux (p. 70), si les êtres restent nobles en dépit de leurs mauvaises actions, le lecteur est-il libre de crier au scandale ?

Le récit est, en réalité, écrit avec une habileté telle que le lecteur oublie l'immoralité et se sent animé d'un sentiment de sympathie pour ce couple charmant.

Lecteur manipulé ? Sans doute !

F. Deloffre et R. Picard usent d'une formule exquise pour définir ce phénomène de gommage de l'immoralité : la « prestidigitation morale » ; cette expression suppose un art du passe-passe, auquel on se laisse prendre sans vouloir en démonter les rouages. Par magie, le malaise engendré par le spectacle du péché s'évanouit et le lecteur, loin d'être effrayé par « l'exemple terrible de la force des passions », envie Des Grieux et Manon, se sent irrésistiblement tenté par une histoire « des plus extraordinaires et des plus touchantes » (p. 9). Et chacun d'adhérer à cet hymne à l'amour, à cette invitation au bonheur.

Le roman *Manon Lescaut* révèle tout l'intérêt que l'Abbé Prévost portait aux âmes ; la réalité extérieure l'intéressait moins que les mouvements intérieurs de l'être, ses mystères, ses contradictions ; c'est pourquoi l'on ne trouve guère de détails sur les lieux où le couple évolue : Paris, Chaillot, la Louisiane ne sont l'objet d'aucune description. Il semble que la quête du bonheur à laquelle se livre Des Grieux avec fébrilité offre à l'auteur l'occasion de mettre en question sa propre vie, vie mouvementée d'un aventurier qui fait l'expérience de l'exil, de la prison, qui se perd dans des relations sentimentales agitées et finit par retrouver la foi à la fin de sa vie. Les personnages de ses fictions lui auront-ils permis de mieux comprendre sa propre énigme ?

Prolongements

1. *Quel est le rôle de Tiberge dans toute l'œuvre ?*
   Quelle image donne-t-il de lui à la fin du roman ?

2. *Le retour à la vertu de Des Grieux : choix ou résignation ?*

3. *Quel jugement portez-vous sur Manon et sur Des Grieux ?*
   Souscrivez-vous à la thèse de l'essentialisme ?
   Vous sentez-vous séduits par cet hymne à l'amour ou êtes-vous tentés de condamner l'immoralité qui tache leur existence ?

VII. LECTURES

Depuis la première publication du roman, la critique n'a pas manqué de s'étonner face à l'habileté avec laquelle l'Abbé Prévost enlève au lecteur le courage de formuler une condamnation morale des deux personnages.

❑ Point de vue

Ainsi Montesquieu s'est exprimé dans un jugement devenu célèbre :

> J'ai lu ce 6 avril 1734 *Manon Lescaut*, roman composé par le P. Prévost. Je ne suis pas étonné que ce roman, dont le héros est un fripon et l'héroïne une catin qui est menée à la Salpêtrière, plaise, parce que toutes les actions du héros, le chevalier Des Grieux, ont pour motif l'amour, qui est toujours un motif noble, quoique la conduite soit basse.
>
> Manon aime aussi, ce qui lui fait pardonner le reste de son caractère.

Le *Pour et Contre*, journal critique de l'époque, publie un article élogieux confirmant le charme exercé sur le lecteur :

> Le public a lu avec beaucoup de plaisir le dernier volume des *Mémoires d'un Homme de Qualité*, qui contient les Aventures du chevalier Des Grieux et de Manon Lescaut. On y voit un jeune homme avec des qualités brillantes et infiniment aimables, qui, entraîné par une folle passion pour une jeune fille qui lui plaît, préfère une vie libertine et vagabonde à tous les avantages que ses talents et sa condition pouvaient lui promettre ; un malheureux esclave de l'amour, qui prévoit ses malheurs sans avoir la force de prendre quelques mesures pour les éviter, qui les sent vivement, qui y est plongé, et qui néglige les moyens de se procurer un état plus heureux ; enfin un jeune homme vicieux et vertueux tout ensemble, pensant bien et agissant mal, aimable par ses sentiments, détestable par ses actions. Voilà un caractère bien singulier. Celui de Manon Lescaut l'est encore plus. Elle connaît la vertu, elle la goûte même, et

cependant elle commet les actions les plus indignes. Elle aime le chevalier Des Grieux avec une passion extrême ; cependant le désir qu'elle a de vivre dans l'abondance et de briller, lui fait trahir ses sentiments pour le chevalier, auquel elle préfère un riche financier. Quelle art n'a-t-il pas fallu pour intéresser le lecteur, et lui inspirer de la compassion, par rapport aux funestes disgrâces qui arrivent à cette fille corrompue ! Quoique l'un et l'autre soient très libertins, on les plaint, parce que l'on voit que leurs dérèglements viennent de leur faiblesse et de l'ardeur de leurs passions, et que, d'ailleurs, ils condamnent eux-mêmes leur conduite et conviennent qu'elle est très criminelle. De cette manière, l'auteur, en représentant le vice, ne l'enseigne point. Il peint les effets d'une passion violente qui rend la raison inutile, lorsqu'on a le malheur de s'y livrer entièrement ; d'une passion qui, n'étant pas capable d'étouffer entièrement dans le cœur les sentiments de la vertu, empêche de la pratiquer. En un mot, cet ouvrage découvre tous les dangers du dérèglement. Il n'y a point de jeune homme, point de jeune fille, qui voulût ressembler au Chevalier et à sa maîtresse. S'ils sont vicieux, ils sont accablés de remords et de malheurs. Au reste le caractère de Tiberge, ce vertueux ecclésiastique, ami du Chevalier, est admirable. C'est un homme sage, plein de religion et de piété ; un ami tendre et généreux ; un cœur toujours compatissant aux faiblesses de son ami. Que la piété est aimable lorsqu'elle est unie à un si beau naturel ! Je ne dis rien du style de cet ouvrage. Il n'y a ni jargon, ni affectation, ni réflexions sophistiqués : c'est la nature même qui écrit. Qu'un auteur empesé et fardé paraît pitoyable en comparaison ! Celui-ci ne court point après l'esprit, ou plutôt après ce qu'on appelle ainsi. Ce n'est point un style laconiquement constipé, mais un style coulant, plein et expressif. Ce n'est partout que peintures et sentiments, mais des peintures vraies et des sentiments naturels.

Voici encore ce qu'écrit Palissot en 1767 dans le *Nécrologe des Hommes célèbres en France* ;

Peut-être le chef-d'œuvre de sa plume, malgré la prédilection qu'il témoignait pour *Cleveland*, c'est (et plus d'un homme de goût l'aura déjà nommé), c'est, dis-je, *l'Histoire du chevalier des Grieux et de Manon Lescaut*. Qu'un jeune libertin et une fille née seulement pour le plaisir et pour l'amour parviennent à trouver grâce devant les âmes les plus honnêtes ; que la peinture naïve de leur passion produise l'intérêt le plus vif ; qu'enfin le tableau des malheurs qu'ils ont mérités arrache des larmes au lecteur le plus austère ; et que, par cette impression-là même, il soit éclairé sur le germe des faiblesses renfermé, sans qu'il le soupçonne, dans son propre cœur, c'est assurément le triomphe de l'art, et ce qui doit donner l'idée la plus haute des talents de l'abbé Prévost. Aussi, dans ce singulier ouvrage, l'expression des sentiments est-elle quelquefois brûlante, s'il est permis de hasarder ce mot. *Les yeux de Manon, ces yeux dont le ciel ouvert n'eût pas détaché les regards de son amant ;* cette division que le chevalier Des Grieux croit sentir dans son âme, quand, accablé en quelque sorte de la tendresse de Manon, il lui dit : *Prends garde je n'ai point assez de force pour supporter des marques si vives de ton affection ; je ne suis point accoutumé à cet excès de joie. O Dieu ! je ne vous demande plus rien,* etc. ; de pareils traits, ce me semble, font mieux sentir que de vains éloges le génie de l'auteur, et l'étude approfondie qu'il avait faite du langage des passions.

Sade ne fait pas exception à la règle en rendant hommage à « ce délicieux ouvrage » dans *Idée sur les romans* :

Quelles larmes que celles que l'on verse à la lecture de ce délicieux ouvrage ! Comme la nature y est peinte, comme l'intérêt s'y soutient, comme il augmente par degrés, que de difficultés vaincues ! Que de philosophie à avoir fait ressortir tout cet intérêt d'une fille perdue ; dirait-on trop en osant assurer que cet ouvrage a des droits au titre de notre meilleur roman ? Ce fut là où Rousseau vit que, malgré des imprudences et des étourderies, une héroïne pouvait prétendre encore à nous attendrir, et peut-être n'eussions-nous jamais eu Julie, sans Manon Lescaut.

Mais c'est peut-être au point de vue d'un lecteur anonyme, cité par F. Deloffre dans sa préface de l'édition de *Manon Lescaut,* qu'il faut accorder le plus de crédit pour avoir une idée fidèle de la réaction des premiers lecteurs du roman :

Nous avons dans plusieurs romans des amants plus violents que le chevalier des Grieux, je ne sais si nous en avons de plus passionnés et de plus touchants ; je le crois même plus vrai, plus naturel. La faiblesse qui succède à ses transports de jalousie, cette tendresse passionnée qui le fait tomber doux et soumis aux pieds de sa maîtresse infidèle, n'est-elle donc pas davantage dans le caractère de l'amour que ces accès de violence qui le font ressembler à la haine ? Quel amant pourrait être capable de sentir toute sa douleur ou toute sa fureur auprès de celle qu'il aime ? Rien n'étonne dans les pardons si prompts, si peu achetés, que cet amant outragé accorde à sa maîtresse. L'excès de sa passion nous a préparés à tout, elle fait tout l'intérêt du roman. Ce n'est pas à sa Manon que nous nous intéressons, c'est à l'objet de cette passion si tendre ; nous lui pardonnons parce que le chevalier lui pardonne, l'ivresse de l'amant nous peint les charmes de sa belle, nous la voyons par ses yeux, nous l'aimons avec son cœur. Il n'y a point d'art dans ce roman, point d'autre art que l'amour ; et ce qu'il y a de singulier, c'est que les peintures de cet amour le moins chaste, le moins légitime qu'on puisse imaginer, ne s'adressent jamais qu'au cœur, sans qu'on y rencontre le moindre détail capable de blesser l'imagination : s'il séduit, c'est par des mouvements d'une telle sensibilité qu'elle seul peut y prendre part, c'est par des scènes d'une tendresse naïve qui feraient le charme de l'amour le plus pur. On a peine à concevoir une séduction si douce avec une immoralité si frappante, et l'on se demande aussi comment l'homme capable de faire un pareil roman a passé sa vie à en faire d'autres qui y ressemblent si peu.

Au XIXe siècle, les critiques mettent surtout en valeur la vérité dans la peinture de la nature humaine.

• Vérité d'après nature, selon Sainte-Beuve :

  « Plus on lit *Manon Lescaut* et plus il semble que tout cela soit vrai, vrai de cette vérité qui n'a rien d'inventé et qui est toute copiée sur nature. S'il y a un art, c'est qu'il est impossible au lecteur de sentir l'endroit où la réalité cesse et où la fiction commence. Ce sont les expressions les plus simples de la langue ; les mots de *tendresse*, de *charme*, de *langueur* y reviennent souvent et ont sous la plume de l'abbé Prévost une douceur et un légèreté de première venue qu'ils semblent n'avoir qu'une fois. »

  Causeries du Lundi, IX, (1851 à 1862).

• Vérité dans la peinture de l'amour, selon Flaubert :

« Ce qu'il y a de fort dans *Manon Lescaut,* c'est le souffle sentimental, la naïveté de la passion qui rend les deux héros si vrais, si sympathiques, si honorables, quoiqu'ils soient des fripons. »

Correspondance (1861).

• Vérité dans la peinture de l'époque, d'après Maupassant :

«… Cette nouvelle immorale et vraie, si juste qu'elle nous indique à n'en point douter l'état de certaines âmes à ce moment précis de la vie française, si franche qu'on ne songe pas même à se fâcher de la duplicité des actes, reste comme une œuvre de maître, une de ces œuvres qui font partie de l'histoire d'un peuple. »

Préface pour l'édition Tallandier (1885).

Ce serait cette dernière qualité qui serait, selon P. Trahard, à l'origine du succès du livre :

« Des Grieux, ayant justifié l'amour à ses yeux, aime Manon envers et contre tous, malgré les pires déchéances. Il se rend compte, dans ses rares moments de lucidité, que cette passion le dégrade. Alors il essaie de réagir, mais en vain ; sa chute le précipite aux abîmes. Il viole successivement le respect paternel, l'amitié, l'honneur, les lois, la justice ; il est la victime consciente et résignée du destin… Manon est le portrait fidèle d'une société qui se reconnaît en elle. Le succès du livre n'a pas d'autre cause ; Prévost établit, comme Marivaux, une parfaite concordance entre son œuvre et le public auquel il s'adresse. Il en résulte une sympathie immédiate, un accord tacite que les rares qualités du livres assureront à jamais. Oui, Manon porte en elle une force qui paraît neuve, parce qu'elle répond exactement à l'idéal de l'époque : ne pas prendre l'amour au tragique, allier le goût du plaisir et de l'argent à la sensualité, se donner selon son caprice d'un jour, marquis, marquises et soubrettes n'en demandent pas plus. Mais brusquement, Manon semble dépasser le siècle, ne plus lui appartenir, rejoindre, par son esprit d'abnégation et de sacrifice, les âmes hautes et les cœurs droits. »

P. TRAHARD, *Les maîtres de la sensibilité française au XVIIIᵉ siècle*, Boivin, 1933 (I, p. 140 – I, pp. 133-134).

Si le lecteur naïf succombe vite au charme de ces personnages corrompus, le lecteur averti ne saurait se prémunir longtemps contre les sortilèges de l'écrivain. L'étude attentive d'un extrait livre-t-elle les clés de cet envoûtement ?

❏ Lecture d'un extrait (p. 189-191)

• Une écriture sensualiste au service de l'apologie de la passion

« Vous dirai-je quel fut le déplorable sujet de mes entretiens avec Manon pendant cette route, ou quelle impression sa vue fit sur moi lorsque j'eus obtenu des gardes la liberté d'approcher de son chariot ? Ah ! les expressions ne rendent jamais qu'à demi les sentiments du cœur. Mais figurez-vous ma pauvre maîtresse enchaînée par le milieu du corps, assise sur quelques poignées de paille, la tête appuyée languissamment sur un côté de la voiture, le visage pâle et mouillé d'un ruisseau de larmes qui se faisaient un passage au travers de ses paupières, quoiqu'elle eût continuellement les yeux fermés. Elle n'avait pas même eu la curiosité de les ouvrir lorsqu'elle avait entendu le bruit de ses gardes, qui craignaient d'être attaqués. Son linge était sale et dérangé, ses mains délicates exposées à l'injure de l'air ; enfin, tout ce composé charmant, cette figure capable de ramener l'univers à l'idolâtrie, paraissait dans un désordre et un abattement inexprimables. J'employai quelque temps à la considérer en allant à cheval à côté du chariot. J'étais si peu à moi-même que je fus sur le point, plusieurs fois, de tomber dangereusement. Mes soupirs et mes exclamations fréquentes m'attirèrent d'elle quelques regards. Elle me reconnut et je remarquai que, dans le premier mouvement, elle tenta de se précipiter hors de la voiture pour venir à moi ; mais, étant retenue par sa chaîne, elle retomba dans sa première attitude. Je priai les archers d'arrêter un moment par compassion ; ils y consentirent par avarice. Je quittai mon cheval pour m'asseoir auprès d'elle. Elle était si languissante et si affaiblie qu'elle fut longtemps sans pouvoir se servir de sa langue ni remuer ses mains. Je les mouillais pendant ce temps-là de mes pleurs, et, ne pouvant proférer moi-même une seule parole, nous étions l'un et l'autre dans une des plus tristes situations dont il y ait jamais eu d'exemples. »

• La faillite des mots

Le mutisme des personnages

Lorsque Des Grieux s'approche du convoi, il est immédiatement saisi par les conditions déplorables dans lesquelles Manon est acheminée au Havre-de-Grâce. Le premier contact sera donc essentiellement visuel ; Des Grieux observe Manon en silence et nous livre un tableau de la déportée. L'émotion est si forte que les mots ne peuvent se former dans la pensée du personnage, encore moins s'exprimer, seuls des « soupirs » et des « exclamations, » constituant un état élémentaire du langage, sont en mesure de traduire son agitation intérieure.

À une phase statique succède une phase dynamique à partir du moment où Des Grieux finit par attirer le regard de Manon. La reconnaissance puis les retrouvailles sont enveloppées de silence ; celui de Manon s'explique sans doute par une grande faiblesse physique « elle était si languissante et si affaiblie qu'elle fut longtemps sans pouvoir se servir de sa langue ni remuer ses mains ». Au-delà des mots, c'est l'élan du corps qui traduit la force du sentiment puisque Manon s'élance vers son amant, avec une « violence » qui est à la mesure de l'émotion qu'elle ressent. Quant à Des Grieux, les seules paroles qu'il prononce sont adressées aux archers et rapportées laconiquement au style indirect, assorties d'un jugement de moraliste ; il s'agit là de la voix du narrateur car le personnage, lui, demeure incapable de « proférer [...] une seule parole ». Les deux amants se trouvent réunis dans une espèce d'aphasie commune signalée par une double négation « sans pouvoir », « ne pouvant proférer, » mutisme déjà observé chez Des Grieux dès qu'il vit un choc émotionnel (voir la scène du parloir, p. 41).

Cependant, cette fois, il s'agit d'une communion muette et non plus d'une tragédie de l'incommunicabilité ; l'intensité dramatique de ce moment se perçoit dans le choix d'une tournure hyperbolique « une des plus tristes situations dont il y ait jamais eu d'exemple » soulignant le caractère unique de ce malheur partagé. Ce n'est qu'après quelques minutes que l'échange verbal deviendra possible.

Les mots manquent au narrateur

Le début de l'extrait met l'accent sur la difficulté qu'éprouve le narrateur à restituer ses émotions au moment où il revoit Manon. La prétérition initiale ainsi que l'exclamation : « Ah ! les expressions ne rendent jamais qu'à demi les sentiments du cœur » illustrent bien la faillite du langage doit il a déjà été question au chapitre v.

Ici, encore, Des Grieux déplore l'inadéquation des mots pour traduire ce qui relève de l'affectivité, de la sensibilité. Cette faiblesse des mots se vérifie lorsque le chevalier évoque la détresse de Manon : l'adjectif « inexprimables » pour qualifier le désarroi de la déportée vient redire la faillite du langage et se substitue à une description. Le caractère réducteur du langage conduit naturellement le narrateur à préférer les images au discours, ce qui est rendu sensible par le choix du verbe « figurez-vous » qui invite le destinataire des propos à une représentation de la scène faisant aussi bien appel à la vue qu'à l'imagination.

• Le recours aux images

Le point de vue de l'amoureux

Des Grieux donne à voir la souffrance de Manon en offrant un tableau de la déportée chargé de détails concrets susceptibles d'émouvoir.

Ainsi l'inconfort est mis en valeur par une énumération visant à souligner la souffrance physique à travers la mention des « chaînes », de « quelques poignées de paille », des mains nues exposées aux agressions extérieures. À cela s'ajoute une souffrance morale qui se manifeste par les pleurs incessants et par une attitude de prostration bien inhabituelle chez Manon. Le regard de Des Grieux est effectivement arrêté par une expression d'intériorisation, de repli sur soi chez Manon qui garde les yeux fermés en dépit de l'agitation qui règne autour d'elle. Lorsqu'elle s'élance vers le chevalier et se trouve ramenée à la dure réalité de la chaîne, le pathétique de la scène est bien entendu renforcé. Il s'agit, pour le narrateur, de brosser le portrait d'une martyre, subissant un sort indigne ; le linge sale, l'absence de gants sont là pour démontrer une injustice.

L'image d'un sacrilège s'impose alors puisque Des Grieux oppose à l'apparence dégradée de Manon une essence divine. Il convient d'accorder à l'adjectif « charmant » son sens premier et de considérer l'hyperbole « cette figure capable de ramener l'univers à l'idolâtrie » comme l'aveu d'un véritable culte voué à la femme aimée. Comment l'amoureux pourrait-il accepter le spectacle de l'outrage fait à une divinité ?

Le point de vue de l'esthète

Pourtant, s'il est vrai que Des Grieux se montre avant tout sensible à la souffrance de Manon, ne peut-on pas déceler chez lui un plaisir d'esthète ? Il semblerait que la saleté du linge de Manon, son absence au monde ajoutent à sa beauté. Ainsi, se superposent le point de vue de l'amant mortifié et celui du peintre qui compose son tableau en ménageant ses effets. Nous pouvons par exemple noter l'attention portée aux attitudes de la jeune fille à travers l'emploi de l'adverbe « languissamment » et des participes passés « enchaînée », « assise », « appuyée », de même que les références à certaines parties du corps comme la taille désignée par le groupe de mots « moitié du corps », « la tête », « le visage », « les mains ».

Des Grieux a beau s'indigner et compatir devant le spectacle du malheur, son récit laisse percevoir une sorte de jouissance dans la façon de présenter Manon, une beauté d'autant plus touchante qu'elle est abîmée et qu'il considèr[e] « avec minutie, » comme le justifie l'évocation particulièrement fine, précise des larmes « qui se faisaient un

passage au travers de ses paupières ». C'est moins la préci-
sion de la notation qui surprend ici que le rapport logique
indiqué par la concessive « quoiqu'elle eût continuellement
les yeux fermés » ; qui relève la beauté émouvante de ce
paradoxe, l'amant ou le peintre ? Parions qu'à cet instant,
il est pour le moins difficile d'éliminer le second.

La nouveauté et l'originalité de la scène en rehaussent
le pathétique : ces paupières baissées qui laissent s'écou-
ler un flot continu de larmes masquent l'essentiel, les yeux
de Manon et la beauté de son regard. Nous franchissons un
degré supplémentaire dans l'art de la suggestion : après la
disparition des mots, ce sont les images qui se voilent pour
mieux parler à notre sensibilité. La fascination de l'artiste
ajoutée à la douleur de l'amant expliquent d'abord le désé-
quilibre « j'étais si peu à moi-même que je fus sur le point,
plusieurs fois, de tomber dangereusement » puis le geste
chevaleresque de Des Grieux rejoignant Manon.

Comment ne pas être charmé par le spectacle aussi émou-
vant d'un couple déchiré ? Comment, à l'instar des critiques, ne pas oublier l'immoralité des amants et ne pas
trouver la passion aimable ? L'habileté de l'Abbé Prévost
réside autant dans le fait de suggérer la force des sentiments par la faillite du langage que par la fusion de deux
points de vue, celui de l'amant, celui de l'esthète, visant à
nous émouvoir, à nous séduire, à nous ravir en nous faisant
partager une expérience unique.

DOCUMENTS COMPLÉMENTAIRES

❏ Discours préfaciels

• Texte 1

Mais comme cet ouvrage est principalement recommandé à ceux qui savent le lire et qui comprennent le bon usage que l'histoire leur conseille tout du long, il est à espérer que de tels lecteurs se plairont beaucoup plus à la morale qu'au conte, à l'application qu'au récit et au dessein de l'auteur qu'à la vie de l'héroïne.

Il y a dans cette histoire un grand nombre d'incidents délicieux et tous sont utilement appliqués. On s'est efforcé de donner un tour agréable à la narration qui, d'une façon ou d'une autre, instruit naturellement le lecteur. Le début de la vie dévergondée de notre héroïne avec le gentil-homme à Colchester montre tant de procédés heureux destinés à mettre en évidence le péché et à avertir tous ceux qui se trouvent dans une situation semblable de la ruine à laquelle aboutissent pareilles choses, comme de la folie et de l'étourderie qui se voient dans la conduite haïssable des deux parties, qu'il compense abondamment la description pleine de vie que la jeune femme donne de sa folie et de sa perversité.

Daniel DEFOE, *Moll Flanders* (1722).

• Texte 2

Comme il y a des personnes qui ne sauraient lire, sans faire des applications, des caractères vicieux ou ridicules qu'elles trouvent dans les ouvrages, je déclare à ces lecteurs malins qu'ils auraient tort d'appliquer les portraits qui sont dans le présent livre. J'en fais un aveu public : je ne me suis proposé que de représenter la vie des hommes telle qu'elle est ; à Dieu ne plaise que j'ai eu dessein de désigner quelqu'un en particulier ! Qu'aucun lecteur ne prenne donc pour lui ce qui peut convenir à d'autres, aussi bien qu'à lui ; autrement, comme dit Phèdre, il se fera connaître mal à propos. *Stulte nudabit animi coscientiam.*

On voit en Castille, comme en France, des médecins dont la méthode est de faire un peu trop saigner leurs malades. On voit partout les mêmes vices et les mêmes originaux. J'avoue que je n'ai pas exactement suivi les mœurs espagnoles ; et ceux qui savent dans quel désordre vivent les comédiennes de Madrid pourraient me reprocher de n'avoir pas fait une peinture assez forte de leurs dérèglements : mais j'ai cru devoir les adoucir, pour les conformer à nos manières.

LESAGE, *La Sage histoire de Gil Blas de Santillane.*
(Déclaration de l'auteur)

Qui que tu sois, ami lecteur, tu vas ressembler à l'un ou à l'autre de ces deux écoliers. Si tu lis mes aventures, sans prendre garde aux instructions morales qu'elles renferment, tu ne tireras aucun fruit de cet ouvrage ; mais, si tu le lis avec attention, tu y trouveras, suivant le précepte d'Horace, l'utile mêlé avec l'agréable.

LESAGE, *La Sage histoire de Gil Blas de Santillane* (1715-1735).

• Texte 3

Les Préfaces, pour la plus grande partie, ne semblent faites que pour en imposer au Lecteur. Je méprise trop cet usage pour le suivre. L'unique dessein que j'ai dans celle-ci, est d'annoncer le but de ces Mémoires, soit qu'on doivent les regarder comme un ouvrage purement d'imagination, ou que les aventures qu'ils contiennent soient réelles.

L'homme qui écrit ne peut avoir que deux objets : l'utile et l'amusant. Peu d'Auteurs sont parvenus à les réunir. Celui qui instruit, ou dédaigne d'amuser, ou n'en a pas le talent ; et celui qui amuse n'a pas assez de force pour instruire : ce qui fait nécessairement que l'un est toujours sec, et que l'autre est toujours frivole.

Le Roman, si méprisé des personnes sensées, et souvent avec justice, serait peut-être celui de tous les genres qu'on pourrait rendre le plus utile, s'il était bien manié, si, au lieu de le remplir de situations ténébreuses et forcées, de Héros dont les caractères et les aventures sont toujours hors du vraisemblable, on le rendait, comme la Comédie, le tableau de la vie humaine, et qu'on y censurât les vices et les ridicules.

Le Lecteur n'y trouverait plus à la vérité ces événements extraordinaires et tragiques qui enlèvent l'imagination, et déchirent le cœur ; plus de Héros qui ne passât les Mers que pour y être à point nommé pris des Turcs, plus d'aventures dans le Sérail, de Sultane soustraite à la vigilance des Eunuques par quelque tour d'adresse surprenant ; plus de morts imprévues, et infiniment moins de souterrains. Le fait, préparé avec art, serait rendu avec naturel. On ne pécherait plus contre les convenances et la raison. Le sentiment ne serait point outré ; l'homme enfin verrait l'homme tel qu'il est ; on l'éblouirait moins, mais on l'instruirait davantage.

J'avoue que beaucoup de Lecteurs, qui ne se sont point touchés des choses simples, n'approuveraient point qu'on dépouillât le Roman des puérilités fastueuses qui le leur rendent cher ; mais ce ne serait point à mon sens une raison de ne le point réformer. Chaque siècle, chaque année même, amène un nouveau goût. Nous voyons les Auteurs qui n'écrivent que pour la mode, victimes de leur lâche complaisance, tomber en même temps qu'elle dans un éternel oubli. Le vrai seul subsiste toujours, et si la cabale se déclare contre lui, si elle l'a quelquefois obscurci, elle n'est jamais parvenue à le détruire.

Claude CRÉBILLON, *Les Égarements du cœur et de l'esprit,* Préface (1736).

- **Texte 4**

Tel a été le tableau que j'ai voulu tracer dans Adolphe. Je ne sais si j'ai réussi ; ce qui me ferait croire au moins à un certain mérite de vérité, c'est que presque tous ceux de mes lecteurs que j'ai rencontrés m'ont parlé d'eux-mêmes comme ayant été dans la position de mon héros. Il est vrai qu'à travers les regrets qu'ils montraient de toutes les douleurs qu'ils avaient causées perçait je ne sais quelle satisfaction de fatuité ; ils aimaient à se peindre, comme ayant, de même qu'Adolphe, été poursuivis par les opiniâtres affections qu'ils avaient inspirées, et victimes de l'amour immense qu'on avait conçu pour eux. Je crois que pour la plupart ils se calomniaient, et que si leur vanité les eût laissés tranquilles, leur conscience eût pu rester en repos.

Quoi qu'il en soit, tout ce qui concerne Adolphe m'est devenu fort indifférent ; je n'attache aucun prix à ce roman, et je répète que ma seule intention, en le laissant reparaître devant un public qui l'a probablement oublié, si tant est que jamais il l'ait connu, a été de déclarer que toute édition qui contiendrait autre chose que ce qui est renfermé dans celle-ci ne viendrait pas de moi, et que je n'en serais pas responsable.

Benjamin CONSTANT, *Adolphe*,
Préface de la troisième édition (1816).

❑ Images de la femme au XVIIIe siècle dans la littérature

• Texte 1

Scène IX

MIRANDOLINE, *seule*.

Eh bien, qu'ai-je entendu ? Son Excellence Monsieur le Marquis de la Dèche m'épouserait ? Oui mais, s'il voulait m'épouser, il y aurait une petite difficulté : c'est que moi, je ne voudrais pas de lui. J'aime bien le rôti, moi, mais s'il n'y a que son fumet, je n'en ai que faire ! Ah ! si j'avais dû épouser tous ceux qui ont dit vouloir ma main, j'en aurais des maris ! Autant il en descend dans cette auberge, et autant qui s'éprennent de moi, jouent les amoureux transis, et me proposent, tous autant qu'ils sont, de m'épouser séance tenante ! Et voilà pas ce Chevalier, cet ours mal léché, qui me traite si durement ? C'est bien le premier voyageur venu dans mon auberge qui n'ait pas eu plaisir à traiter avec moi. Je ne dis pas que tous doivent tomber amoureux au premier coup d'œil, non. Mais me mépriser ainsi, voilà qui me met dans une rage noire. Il est l'ennemi des femmes ? Il ne peut les souffrir ? Le pauvre fou ! C'est qu'il n'a sans doute pas encore trouvé celle qui saura s'y prendre. Mais il la trouvera. Oui, il la trouvera ! Et peut-être bien qu'il l'a déjà trouvée ! C'est avec des gens comme lui que je me pique au jeu : ceux qui me courent après m'ennuient tout de suite. La noblesse ne m'intéresse pas. L'argent, je l'apprécie, sans plus. Tout mon plaisir consiste à me voir servie, courtisée, adorée : c'est là mon faible, comme c'est celui de presque toutes les femmes. Quant au mariage, je n'y pense même pas. Je n'ai besoin de personne : je vis honnêtement, et je jouis de ma liberté. Je badine avec tous, mais je ne m'éprends jamais de personne. Je veux m'amuser de ces caricatures d'amoureux éperdus, mais j'emploierai tout mon art pour vaincre, abattre et briser ces cœurs barbares et durs, ennemis de nous, les femmes, nous qui sommes ce que la belle Nature, notre mère à tous, a jamais produit de meilleur au monde.

GOLDONI, *La Locandiera* (1753).

• Texte 2

Une femme, quand elle est jeune, est plus sensible au plaisir d'inspirer des passions qu'à celui d'en prendre. Ce qu'elle appelle tendresse, n'est le plus souvent qu'un goût vif qui la détermine plus promptement que l'amour même, l'amuse pendant quelque temps, et s'éteint sans qu'elle le sente ou le regrette.

Le mérite de s'attacher à un amant pour toujours ne vaut pas à ses yeux celui d'en enchaîner plusieurs. Plutôt suspendue que fixée, toujours livrée au caprice, elle songe moins à l'objet qui la possède qu'à celui qu'elle voudrait qui la possédât. Elle attend toujours le plaisir, et n'en jouit jamais : elle se donne un amant, moins parce qu'elle le trouve aimable, que pour prouver qu'elle l'est.

Souvent elle ne connaît pas mieux celui qu'elle quitte que celui qui lui succède. Peut-être si elle avait pu le garder plus longtemps, l'aurait-elle aimé ; mais est-ce sa faute si elle est infidèle ? Une jolie femme dépend bien moins d'elle-même que des circonstances, et par malheur il s'en trouve tant, de si peu prévues, de si pressantes, qu'il n'y a point à s'étonner si, après plusieurs aventures, elle n'a connu ni l'amour, ni son cœur.

Est-elle parvenue à cet âge où ses charmes commencent à décroître, où les hommes indifférents pour elle lui annoncent par leur froideur que bientôt ils ne la verront qu'avec dégoût, elle songe à prévenir la solitude qui l'attend. Sûre autrefois qu'en changeant d'amants, elle ne changeait que de plaisirs ; trop heureuse alors de conserver le seul qu'elle possède, ce que lui a coûté sa conquête la lui rend précieuse. Constante par la perte qu'elle ferait de ne l'être pas, son cœur peu à peu s'accoutume au sentiment. Forcée par la bienséance d'éviter tout ce qui aidait à la dissiper et à la corrompre, elle a besoin, pour ne pas tomber dans la langueur, de se livrer toute entière à l'amour, qui, n'étant dans sa vie passée qu'une occupation momentanée et confondue avec mille autres, devient alors son unique ressource : elle s'y attache avec fureur, et ce que l'on croit la dernière fantaisie d'une femme est bien souvent sa première passion.

Telles étaient les dispositions de Madame de Lursay lorsqu'elle forma le dessein de m'attacher à elle. Depuis son veuvage et sa réforme, le public, qui pour n'être pas toujours bien instruit n'en parle pas moins, lui avait donné des amants que peut-être elle n'avait pas eus. Ma conquête flattait son orgueil et il lui parut raisonnable, puisque sa sagesse ne la sauvait de rien, de se dédommager par le plaisir de la mauvaise opinion qu'on avait d'elle.

Claude Crébillon, *Les Égarements du cœur et de l'esprit* (1736).

Je voudrais bien voir la conduite de mon sexe un peu mieux ordonnée sur ce point, qui est celui dont, de toutes les parties de l'existence, je crois que nous avons le plus à pâtir à l'heure actuelle ; ce n'est rien d'autre qu'un manque de courage, la peur de n'être point mariée du tout et de l'affreux état qu'est celui de vieille fille. C'est là, dis-je, le panneau tendu à une femme ; mais si les dames voulaient seulement une fois surmonter cette peur et se conduire avec sagesse, elles l'éviteraient certainement davantage en ne lâchant pas pied, dans un cas si absolument nécessaire à leur bonheur, qu'en s'exposant comme elles le font ; et si elles ne se mariaient pas aussi vite, elles trouveraient une compensation dans un mariage plus sûr. Celle à qui échoit un mauvais mari est toujours mariée trop tôt, et qui en trouve un bon ne l'est jamais trop tard. En un mot, il n'est pas de femme, exception faite de la difformité ou d'une réputation perdue, qui, si elle mène bien sa barque, ne puisse tôt ou tard se marier avec sécurité ; mais, se précipite-t-elle, il y a dix mille chances contre une qu'elle coure à sa perte.

Daniel DEFOE, *Moll Flanders* (1722).

Ah ! gardez vos conseils et vos craintes pour ces femmes à délire, et qui se disent à sentiment ; dont l'imagination exaltée ferait croire que la nature a placé leurs sens dans leur têtes ; qui, n'ayant jamais réfléchi, confondent sans cesse l'amour et l'Amant ; qui, dans leur folle illusion, croient que celui-là seul avec qui elles ont cherché le plaisir en est l'unique dépositaire ; et vraies superstitieuses, ont pour le Prêtre le respect et la foi qui n'est dû qu'à la Divinité.

Craignez encore pour celles qui, plus vaines que prudentes ne savent pas au besoin consentir à se faire quitter.

Tremblez surtout pour ces femmes actives dans leur oisiveté, que vous nommez sensibles, et dont l'amour s'empare si facilement et avec tant de puissance ; qui sentent le besoin de s'en occuper encore, même lorsqu'elles n'en jouissent pas ; et s'abandonnant sans réserve à la fermentation de leurs idées, enfantent par elles ces Lettres si douces, mais si dangereuses à écrire ; et ne craignent pas de confier ces preuves de leur faiblesse à l'objet qui les cause : imprudentes, qui, dans leur Amant actuel, ne savent pas voir leur ennemi futur.

Mais moi, qu'ai-je de commun avec ces femmes inconsidérées ? Quand m'avez-vous vue m'écarter des règles que je me suis prescrites, et manquer à mes principes ? Je dis mes principes, et je le dis à dessein ; car s'ils ne sont pas, comme ceux des autres femmes, donnés au hasard, reçus sans examen et suivis par habitude, ils sont le fruit de mes profondes réflexions ; je les ai créés, et je puis dire que je suis mon ouvrage.

Entrée dans le monde dans le temps où, fille encore, j'étais vouée par état au silence et à l'inaction, j'ai su en profiter pour observer et réfléchir. Tandis qu'on me croyait étourdie ou distraite, écoutant peu à la vérité les discours qu'on s'empressait à me tenir, je recueillais avec soin ceux qu'on cherchait à me cacher.

Cette utile curiosité, en servant à m'instruire, m'apprit encore à dissimuler ; forcée souvent de cacher les objets de mon attention aux yeux de ceux qui m'entouraient, j'essayai de guider les miens à mon gré ; j'obtins dès lors de prendre à volonté ce regard distrait que vous avez loué si souvent. Encouragée par ce premier succès, je tâchai de régler de même les divers mouvements de ma figure. Ressentais-je quelque chagrin, je m'étudiais à prendre l'air de la sérénité, même celui de la joie ; j'ai porté le zèle jusqu'à me causer des douleurs volontaires, pour chercher pendant ce temps l'expression du plaisir. Je me suis travaillée avec le même soin et plus de peine, pour réprimer les symptômes d'une joie inattendue. C'est ainsi que j'ai su prendre sur ma physionomie cette puissance dont je vous ai vu quelquefois si étonné.

J'étais bien jeune encore, et presque sans intérêt : mais je n'avais à moi que ma pensée, et je m'indignais qu'on pût me la ravir ou me la surprendre contre ma volonté. Munie de ces premières armes, j'en essayai l'usage : non contente de ne plus me laisser pénétrer, je m'amusais à me montrer sous des formes différentes ; sûres de mes gestes, j'observais mes discours ; je réglai les uns et les autres, suivant les circonstances, ou même suivant mes fantaisies : dès ce moment, ma façon de penser fut pour moi seule, et je ne montrai plus que celle qu'il m'était utile de laisser voir.

C. de LACLOS, *Les Liaisons Dangereuses* (1782).

❏ Les effets de la passion dans le roman

• Texte 1

Elle avait ignoré jusqu'alors les inquiétudes mortelles de la défiance et de la jalousie ; elle n'avait pensé qu'à se défendre d'aimer M. de Nemours et elle n'avait point encore commencé à craindre qu'il en aimât une autre. Quoique les soupçons que lui avait donné cette lettre fussent effacés, ils ne laissèrent pas de lui ouvrir les yeux sur le hasard d'être trompée et de lui donner des impressions de défiance et de jalousie qu'elle n'avait jamais eues. Elle fut étonnée de n'avoir point encore pensé combien il était peu vraisemblable qu'un homme comme M. de Nemours, qui avait toujours fait paraître tant de légèreté parmi les femmes, fût capable d'un attachement sincère et durable. Elle trouva qu'il était presque impossible qu'elle pût être contente de sa passion. « Mais quand je le pourrais être, disait-elle, qu'en veux-je faire ? Veux-je la souffrir ? Veux-je y répondre ? Veux-je m'engager dans une galanterie ? Veux-je manquer à M. de Clèves ? Veux-je me manquer à moi-même ? Et veux-je enfin m'exposer aux cruels repentirs et aux mortelles douleurs que donnent l'amour ? Je suis vaincue et surmontée par une inclination qui m'entraîne malgré moi. Toutes mes résolutions sont inutiles ; je pensai hier tout ce que je pense aujourd'hui et je fais d'aujourd'hui tout le contraire de ce que je résolus hier. Il me faut m'arracher de la présence de M. de Nemours ; il faut m'en aller à la campagne, quelque bizarre que puisse paraître mon voyage ; et si M. de Clèves s'opiniâtre à l'empêcher ou à en vouloir savoir les raisons, peut-être lui ferai-je le mal, et à moi-même aussi, de les lui apprendre. »

Mme de LA FAYETTE, *La Princesse de Clèves,*
III (1678).

• Texte 2

Je n'ai de ma vie été si agitée. Je ne saurais vous définir ce que je sentais.

C'était un mélange de trouble, de plaisir et de peur ; oui, de peur, car une jeune fille qui est là-dessus à son apprentissage ne sait point où tout cela la mène : ce sont des mouvements inconnus qui l'enveloppent, qui disposent d'elle, qu'elle ne possède point, qui la possèdent ; et la nouveauté de cet état l'alarme. Il est vrai qu'elle y trouve du plaisir ; mais c'est un plaisir fait comme un danger, sa pudeur même en est effrayée ; il y a quelque chose qui la menace, qui l'étourdit, et qui prend déjà sur elle.

On se demanderait volontiers dans ces instants là : Que vais-je devenir ? Car, en vérité, l'amour ne nous trompe point : dès qu'il se montre, il nous dit ce qu'il est, et de quoi il sera question : l'âme avec lui, sent la présence d'un maître qui la flatte, mais avec une autorité déclarée qui ne la consulte pas, et qui lui laisse hardiment les soupçons de son esclavage futur.

Voilà ce qui m'a semblé de l'état où j'étais, et je pense aussi que c'est l'histoire de toutes les jeunes personnes de mon âge en pareil cas.

MARIVAUX, *La Vie de Marianne*, (1731-1741).

Mme de Rênal, de son côté, était complètement trompée par la beauté du teint, les grands yeux noirs de Julien et ses jolis cheveux qui frisaient plus qu'à l'ordinaire, parce que pour se rafraîchir il venait de plonger la tête dans le bassin de la fontaine publique. À sa grande joie, elle trouvait l'air timide d'une jeune fille à ce fatal précepteur, dont elle avait tant redouté pour ses enfants la dureté et l'air rébarbatif. Pour l'âme si paisible de Mme de Rênal, le contraste de ses craintes et de ce qu'elle voyait fut un grand événement. Enfin elle revint de sa surprise. Elle fut étonnée de se trouver ainsi à la porte de sa maison avec ce jeune homme presque en chemise et si près de lui.

– Entrons, Monsieur, lui dit-elle d'un air assez embarrassé.

De sa vie une sensation purement agréable n'avait aussi profondément ému Mme de Rênal, jamais une apparition aussi gracieuse n'avait succédé à des craintes plus inquiétantes. Ainsi ces jolis enfants, si soignés par elle, ne tomberaient pas dans les mains d'un prêtre sale et grognon. À peine entrée sous le vestibule, elle se retourna vers Julien qui la suivait timidement. Son air étonné, à l'aspect d'une maison si belle, était une grâce de plus aux yeux de Mme de Rênal. Elle ne pouvait en croire ses yeux, il lui semblait surtout que le précepteur devait avoir un habit noir.

– Mais, est-il vrai, Monsieur, lui dit-elle en s'arrêtant encore, et craignant mortellement de se tromper, tant sa croyance la rendait heureuse, vous savez le latin ?

STENDHAL, *Le Rouge et le noir,* (1854).

❑ La veine picaresque

• Quelques repères

Avant d'être un personnage de fiction, le « picaro » fut une amère réalité de la vie quotidienne en Espagne au XVIᵉ siècle ; la crise économique et sociale dans laquelle était plongé le pays engendra la prolifération de mendiants et vagabonds dans lesquels la littérature trouva une source d'inspiration.

La Vie de Lazarillo de Tormes (1554) puis *La Vie de Guzmán de Alfarache* (1599) de Mateo Alemán, considérées comme les œuvres fondatrices du roman picaresque, exercèrent une influence considérable à l'étranger.

Gil Blas de Lesage, *Le Paysan parvenu* de Marivaux, *Jacques le Fataliste* de Diderot pour la France, *Moll Flanders* de Defoe, *Tom Jones* de Fielding pour l'Angleterre témoignent du succès du courant picaresque en Europe au XVIIIᵉ siècle.

• Thématique du picaresque

La nécessité et la faim sont à la base de l'aventure picaresque, elles contraignent les gueux aux vols, aux escroqueries, au parasitisme, à la prostitution.

L'argent constitue, par conséquent, un thème omniprésent : argent du maître, de l'amant que l'on convoite, que l'on dérobe et qui permet, provisoirement, de retrouver des forces pour de nouvelles aventures.

Au besoin se trouve intimement lié le motif de l'errance : pas de lieu fixe pour le picaro mais un voyage permanent, à valeur initiatique, au cours duquel les fuites, les rencontres fortuites jouent un rôle essentiel.

Le thème de la fortune donne au récit picaresque une unité, puisque, sans cesse le protagoniste invoque sa mauvaise étoile, le mauvais sort et se voit condamné à lutter contre les forces hostiles qui s'acharnent contre lui.

En comparant *Manon Lescaut* aux extraits des pages suivantes, on pourra se demander dans quelle mesure l'œuvre de l'Abbé Prévost s'apparente à la tradition du genre picaresque.

• Texte 1

Souvent j'eus l'idée de quitter ce ladre maître, mais j'y renonçai pour deux raisons. L'une, c'est que je ne me fiais pas à mes jambes, à cause de la grande faiblesse que la seule faim m'avait causée ; la seconde, parce que je considérais et disais : J'ai eu deux maîtres, le premier me faisait mourir de faim, et, l'ayant laissé, j'ai rencontré cet autre qui m'a conduit jusqu'au bord de la fosse, or, si je renonce à celui-ci et en prends un plus mauvais, il me faudra de toute nécessité périr. Aussi n'osais-je pas bouger, tenant pour article de foi qu'à chaque changement je trouverais un maître pire, et qu'en descendant d'un degré encore, le nom de Lazare ne retentirait plus en ce monde et qu'on n'y entendrait plus parler de lui.

Étant donc en cette affliction (dont Dieu veuille délivrer tout fidèle chrétien) et me voyant, sans que j'y susse donner conseil, aller de mal en pis, un jour, tandis que mon anxieux, méchant et ladre de maître était hors du village, par aventure vint à ma porte un chaudronnier, que je crus être un ange par Dieu envoyé sous cet habit. Il me demanda si j'avais quelque chose à réparer. « En moi vous trouveriez assez d'ouvrage, et vous ne feriez pas peu en me raccommodant, » dis-je si bas qu'il ne m'entendit point. Mais comme je n'avais pas de temps à perdre en gentillesses, comme illuminé par le Saint-Esprit, je lui dis : « Oncle, j'ai perdu une clef de ce coffre, et je crains que mon maître ne me fouette ; par votre vie, voyez si parmi celles que vous portez, vous n'en trouvez pas quelqu'une qui l'ouvre : je vous la paierai. »

L'angélique chaudronnier se mit alors à en éprouver plusieurs du grand trousseau qu'il portait, tandis que moi je l'aidais de mes débiles prières. Et voici qu'au moment où j'y pensais le moins, j'aperçois le coffre ouvert, et au fond, sous forme de pain, la face de Dieu, comme on dit. « Je n'ai pas d'argent à vous donner pour la clef, lui dis-je, mais payez vous de ceci. » Il prit de ces pains celui qui lui plut le mieux, et, me donnant la clef, s'en fut content Et moi je le restai davantage, mais en ce moment je ne touchai à rien pour qu'on ne s'aperçût point de la fraude et aussi parce que, me sentant maître d'un tel bien, je me persuadai que la faim n'oserait pas s'approcher de moi.

Mon misérable maître revint, et Dieu voulut qu'il ne prit pas garde à l'offrande que l'ange avait emportée. Le lendemain, lorsqu'il fut sorti, j'ouvris mon paradis de pain et en pris un entre les mains et les dents qu'en deux credos je rendis invisible, n'oubliant pas de refermer le coffre. Et puis je commençai à balayer la maison tout joyeux, persuadé qu'avec ce remède j'allais remédier à ma pauvre vie.

Avec cela je me tins en joie ce jour et le suivant ; mais je n'étais point destiné à jouir longtemps de ce repos, car au troisième jour la fièvre tierce me vint à point nommé en la personne de celui qui me tuait de faim, qu'à une heure indue je vis penché sur notre coffre, tournant et retournant, comptant et recomptant les pains. Je dissimulai, et, en mes secrètes prières, dévotions et supplications, je dis : « Saint Jean, fermez-lui les yeux. »

Après qu'il fut resté un grand moment supputant le compte par jour et sur ses doigts, il dit : « Si ce coffre n'était en lieu si sûr, je dirais qu'on m'a pris des pains, mais à partir de ce jour, je veux fermer la porte au soupçon en en tenant bon compte. Il m'en reste neuf et un morceau. – Neuf mauvais sorts t'envoie Dieu, » répondis-je à part moi. Et en lui entendant dire cela, il me sembla qu'il me transperçait le cœur comme avec une flèche de chasseur, et mon estomac commença à me tirailler, se sentant ramené à sa diète passée.

Il sortit, tandis que moi, pour me consoler, j'ouvris le coffre, et, voyant le pain, commençai à l'adorer, sans oser le recevoir. Je comptai les miches pour voir si par hasard le ladre ne s'était pas trompé, et trouvai le compte plus juste que je ne l'eusse voulu. Tout ce que je pus faire fut de leur donner mille baisers, et, le plus subtilement possible, du pain entamé rogner un peu à l'endroit de l'entame.

De cette façon je passai ce jour moins joyeux que le précédent. Mais comme la faim croissait, principalement parce que mon estomac s'était, pendant ces deux ou trois jours, habitué à manger plus de pain, je mourais malemort, à ce point que, lorsque je me trouvais seul, je ne faisais autre chose que d'ouvrir et fermer le coffre pour y contempler cette face de Dieu, comme disent les enfants. Toutefois ce Dieu qui secourt les affligés, me voyant en telle détresse, suggéra à mon esprit un petit remède. Pensant à part moi, je me dis : « Ce coffre est vieux, grand et rompu de divers côtés, et quoiqu'il n'ait que de petits trous, on peut penser que des souris, y entrant, ont endommagé ces pains. En retirer un tout entier n'est point chose convenable, car certes il y verrait la faute, celui qui en si grande me fait vivre. Mais ceci se souffre, » dis-je, en émiettant le pain sur une nappe pas très somptueuse qui se trouvait là, prenant de l'un des pains, laissant l'autre, en sorte que de trois ou quatre je tirai quelques miettes, que je mangeai comme qui suce une dragée, et ainsi me réconfortai un peu.

Mateo ALEMÁN, *La Vie de Lazarillo de Tormes,* (1554).

- **Texte 2**

Chapitre viii

Gil Blas accompagne les voleurs.
Quel exploit il fait sur les grands chemins.

Ce fut sur la fin d'une nuit du mois de septembre que je sortis du souterrain avec les voleurs. J'étais armé comme eux d'une carabine, de deux pistolets, d'une épée et d'une baïonnette, et je montais un assez bon cheval, qu'on avait pris au même gentilhomme dont je portais les habits. Il y avait si longtemps que je vivais dans les ténèbres, que le jour naissant ne manqua pas de m'éblouir ; mais peu à peu mes yeux s'accoutumèrent à le souffrir.

Nous passâmes auprès de Pontferrada, et nous allâmes nous mettre en embuscade dans un petit bois qui bordait le grand chemin de Léon. Là nous attendions que la fortune nous offrît quelque bon coup à faire, quand nous aperçûmes un religieux de l'Ordre de Saint-Dominique, monté, contre l'ordinaire de ces bons pères, sur une mauvaise mule. Dieu soit loué, s'écria le capitaine en riant, voici le chef-d'œuvre de Gil Blas. Il faut qu'il aille détrousser ce moine. Voyons comme il s'y prendra. Tous les voleurs jugèrent qu'effectivement cette commission me convenait, et ils m'exhortèrent à m'en bien acquitter. Messieurs, leur dis-je, vous serez contents ; je vais mettre ce père nu comme la main et vous amener ici sa mule. Non, non, dit Rolando, elle n'en vaut pas la peine. Apporte-nous seulement la bourse de Sa Révérence ; c'est tout ce que nous exigeons de toi. Là-dessus, je sortis du bois, et poussai vers le religieux ; en priant le Ciel de me pardonner l'action que j'allais faire. J'aurais bien voulu m'échapper dès ce moment-là. Mais la plupart des voleurs étaient encore mieux montés que moi : s'ils m'eussent vu fuir, ils se seraient mis à mes trousses, et m'auraient bientôt rattrapé, ou peut-être auraient-ils fait sur moi une décharge de leurs carabines, dont je me serais fort mal trouvé. Je n'osai donc hasarder une démarche si délicate. Je joignis le père et lui demandai la bourse en lui présentant le bout d'un pistolet. Il s'arrêta tout court pour me considérer, et, sans paraître fort effrayé : Mon enfant, me dit-il, vous êtes bien jeune. Vous faites de bonne heure un vilain métier. Mon père, lui répondis-je, tout vilain qu'il est, je voudrais l'avoir commencé plus tôt. Ah ! mon fils, répliqua le bon religieux, qui n'avait garde de comprendre le vrai sens de mes paroles, que dites-vous ? quel aveuglement ! souffrez que je vous représente l'état malheureux... Oh ! mon père, interrompis-je avec précipitation, trêve de morale, s'il vous plaît. Je ne viens pas sur les grands chemins pour entendre des sermons. Je veux de l'argent. De l'argent ? me dit-il d'un air étonné ; vous jugez bien mal de la charité des Espagnols, si vous croyez que les personnes de mon caractère aient besoin d'argent pour voyager en Espagne. Détrompez-vous. On nous reçoit agréablement partout. On nous loge. On nous nourrit, et l'on ne nous demande que des prières. Enfin nous ne portons point d'argent sur la route. Nous nous abandonnons à la Providence. Eh ! non, non, lui repartis-je, vous ne vous y abandonnez pas. Vous avez toujours de bonnes pistoles pour être plus sûrs de la Providence. Mais, mon père, ajoutais-je, finissons. Mes camarades, qui sont dans ce bois, s'impatientent. Jetez tout à l'heure votre bourse à terre, ou bien je vous tue.

À ces mots, que je prononçai d'un air menaçant, le religieux sembla craindre pour sa vie. Attendez, me dit-il, je vais donc vous satisfaire, puisqu'il le faut absolument. Je vois bien qu'avec vous autres, les figures de rhétorique sont inutiles. En disant cela, il tira de dessous sa robe une grosse bourse de peau de chamois, qu'il laissa tomber à terre. Alors je lui dis qu'il pouvait continuer son chemin, ce qu'il ne me donna pas la peine de répéter. Il pressa les flancs de sa mule, qui, démentant l'opinion que j'avais d'elle, car je ne la croyais pas meilleure que celle de mon oncle, prit tout à coup un assez bon train. Tandis qu'il s'éloignait, je mis pied à terre. Je ramassai la bourse qui me parut pesante. Je remontai sur ma bête, et regagnai promptement le bois, où les voleurs m'attendaient avec impatience, pour me féliciter de ma victoire. À peine me donnèrent-ils le temps de descendre de cheval, tant ils s'empressaient de m'embrasser. Courage, Gil Blas, me dit Rolando, tu viens de faire des merveilles. J'ai eu les yeux sur toi pendant ton expédition. J'ai observé ta contenance. Je te prédis que tu deviendras un excellent voleur de grand chemin. Le lieutenant et les autres applaudirent à la prédiction, et m'assurèrent que je ne pouvais manquer de l'accomplir quelque jour. Je les remerciai de la haute idée qu'ils avaient de moi et leur promis de faire tous mes efforts pour la soutenir.

Après qu'ils m'eurent d'autant plus loué que je méritais moins de l'être, il leur prit envie d'examiner le butin dont je revenais chargé. Voyons, dirent-ils, voyons ce qu'il y a dans la bourse du religieux. Elle doit être bien garnie, continua l'un d'entre eux, car ces bons pères ne voyagent pas en pèlerins. Le capitaine délia la bourse, l'ouvrit et en tira deux ou trois poignées de petites médailles de cuivre, entremêlées d'*agnus Dei*, avec quelques scapulaires. À la vue d'un larcin si nouveau, tous les voleurs éclatèrent en ris immodérés. Vive Dieu ! s'écria le lieutenant, nous avons bien de l'obligation à Gil Blas. Il vient, pour son coup d'essai, de faire un vol fort salutaire à la compagnie. Cette plaisanterie en attira d'autres. Ces scélérats, et particulièrement celui qui avait apostasié, commencèrent à s'égayer sur la matière. Il leur échappa mille traits qui marquaient bien le dérèglement de leurs mœurs. Moi seul, je ne riais point. Il est vrai que les railleurs m'en ôtaient l'envie en se réjouissant aussi à mes dépens. Chacun me lança son trait et le capitaine me dit : Ma foi, Gil Blas, je te conseille, en ami, de ne te plus jouer aux moines. Ce sont des gens trop fins et trop rusés pour toi.

A.R. LESAGE, *Histoire de Gil Blas de Santillane,* (1715-1735).

• Texte 3

Si j'avais continué ici, j'aurais peut-être été une véritable pénitente ; mais j'avais un mauvais conseiller en moi, et il m'aiguillonnait sans cesse à me soulager par les moyens les pires ; de sorte qu'un soir il me tenta encore par la même mauvaise impulsion qui avait dit : *prends ce paquet,* de sortir encore pour chercher ce qui pouvait se présenter.

Je sortis maintenant à la lumière du jour, et j'errai je ne sais où, et en cherche de je ne sais quoi, quand le diable mit sur mon chemin un piège de terrible nature, en vérité, et tel que je n'en ai jamais rencontré avant ou depuis. Passant dans Aldersgate Street, il y avait là une jolie petite fille qui venait de l'école de danse et s'en retournait chez elle toute seule ; et mon tentateur, comme un vrai démon, me poussa vers cette innocente créature. Je lui parlai et elle me répondit par son babillage, et je la pris par la main et la menai tout le long du chemin jusqu'à ce que j'arrivai dans une allée pavée qui donne dans le Clos Saint-Barthélemy, et je la menai là-dedans. L'enfant dit que ce n'était pas sa route pour rentrer. Je dis :

« Si, mon petit cœur, c'est bien ta route ; je vais te montrer ton chemin pour retourner chez toi. »

L'enfant portait un petit collier de perles d'or, et j'avais mon œil sur ce collier, et dans le noir de l'allée, je me baissai, sous couleur de rattacher la collerette de l'enfant qui s'était défaite, et je lui ôtai son collier, et l'enfant ne sentit rien du tout, et ainsi je continuai de mener l'enfant. Là, dis-je, le diable me poussa à tuer l'enfant dans l'allée noire, afin qu'elle ne criât pas ; mais la seule pensée me terrifia au point que je fus près de tomber à terre ; mais je fis retourner l'enfant, et lui dis de s'en aller, car ce n'était point son chemin pour rentrer ; l'enfant dit qu'elle ferait comme je disais, et je passai jusque dans le Clos Saint-Barthélemy, et puis tournai vers un autre passage qui donne dans Long-Lane, de là dans Charterhouse-Yard et je ressortis dans John's Street ; puis croisant dans Smithfield, je descendis Chick-Lane, et j'entrai dans Field-Lane pour gagner Holborn-Bridge, où me mêlant dans la foule des gens qui y passent d'ordinaire, il n'eût pas été possible d'être découverte. Et ainsi je fis ma seconde sortie dans le monde.

Les pensées sur ce butin chassèrent toutes les pensées sur le premier, et les réflexions que j'avais faites se dissipèrent promptement ; la pauvreté endurcissait mon cœur et mes propres nécessités me rendaient insouciante de tout. Cette dernière affaire ne me laissa pas grand souci ; car n'ayant point fait de mal à la pauvre enfant, je pensai seulement avoir donné aux parents une juste leçon pour la négligence qu'ils montraient en laissant rentrer tout seul ce pauvre petit agneau, et que cela leur apprendrait à prendre garde une autre fois.

D. DEFOE, *Moll Flanders* (1722).

ACTE V

Scène 3

FIGARO, *seul, se promenant dans l'obscurité,*
dit du ton le plus sombre :

Ô femme ! femme ! femme ! créature faible et déce-
vante !... nul animal créé ne peut manquer à son instinct :
le tien est-il donc de tromper ?... Après m'avoir obstiné-
ment refusé quand je l'en pressais devant sa maîtresse ; à
l'instant qu'elle me donne sa parole, au milieu même de la
cérémonie... Il riait en lisant, le perfide ! et moi comme un
benêt... Non, monsieur le Comte, vous ne l'aurez pas...
vous ne l'aurez pas. Parce que vous êtes un grand seigneur,
vous vous croyez un grand génie !... Noblesse, fortune,
un rang, des places, tout cela rend si fier ! Qu'avez-vous
fait pour tant de biens ? Vous vous êtes donné la peine de
naître, et rien de plus. Du reste, homme assez ordinaire ;
tandis que moi, morbleu ! perdu dans la foule obscure,
il m'a fallu déployer plus de science et de calculs pour
subsister seulement, qu'on n'en a mis depuis cent ans à
gouverner toutes les Espagnes : et vous voulez jouter...
On vient... c'est elle... ce n'est personne. – La nuit est
noire en diable, et me voilà faisant le sot métier de mari,
quoique je ne le sois qu'à moitié ! *(Il s'assied sur un banc.)*
Est-il rien de plus bizarre que ma destinée ? Fils de je ne
sais pas qui, volé par des bandits, élevé dans leurs mœurs,
je m'en dégoûte et veux courir une carrière honnête ; et
partout je suis repoussé ! J'apprends la chimie, la phar-
macie, la chirurgie, et tout le crédit d'un grand seigneur
peut à peine me mettre à la main une lancette vétérinaire !
– Las d'attrister des bêtes malades, et pour faire un métier
contraire, je me jette à corps perdu dans le théâtre : me
fussé-je mis une pierre au cou ! Je broche une comédie
dans les mœurs du sérail. Auteur espagnol, je crois pouvoir
y fronder Mahomet sans scrupule : à l'instant un envoyé...

de je ne sais où se plaint que j'offense dans mes vers la Sublime Porte, la Perse, une partie de la presqu'île de l'Inde, toute l'Égypte, les royaumes de Barca, de Tripoli, de Tunis, d'Alger et de Maroc : et voilà ma comédie flambée, pour plaire aux princes mahométans, dont pas un, je crois, ne sait lire, et qui nous meurtrissent l'omoplate, en nous disant : *chiens de chrétiens !* – Ne pouvant avilir l'esprit, on se venge en le maltraitant. – Mes joues creusaient, mon terme était échu : je voyais de loin arriver l'affreux recors, la plume fichée dans sa perruque : en frémissant je m'évertue. Il s'élève une question sur la nature des richesses ; et, comme il n'est pas nécessaire de tenir les choses pour en raisonner, n'ayant pas un sol, j'écris sur la valeur de l'argent et sur son produit net sitôt je vois du fond d'un fiacre baisser pour moi le pont d'un château fort, à l'entrée duquel je laissai l'espérance et la liberté. *(Il se lève.)* Que je voudrais bien tenir un de ces puissants de quatre jours, si légers sur le mal qu'ils ordonnent, quand une bonne disgrâce a cuvé son orgueil ! Je lui dirais… que les sottises imprimées n'ont d'importance qu'aux lieux où l'on en gêne le cours ; que sans la liberté de blâmer, il n'est point d'éloge flatteur ; et qu'il n'y a que les petits hommes qui redoutent les petits écrits. *(Il se rassied.)* Las de nourrir un obscur pensionnaire, on me met un jour dans la rue ; et comme il faut dîner, quoiqu'on ne soit plus en prison, je taille encore ma plume, et demande à chacun de quoi il est question : on me dit que, pendant ma retraite économique, il s'est établi dans Madrid un système de liberté sur la vente des productions, qui s'étend même à celles de la presse ; et que, pourvu que je ne parle en mes écrits ni de l'autorité, ni du culte, ni de la politique, ni de la morale, ni des gens en place, ni des corps en crédit, ni de l'Opéra, ni des autres spectacles, ni de personne qui tienne à quelque chose, je puis tout imprimer librement, sous l'inspection de deux ou trois censeurs. Pour profiter de cette douce liberté, j'annonce un écrit périodique, et, croyant n'aller sur les brisées d'aucun autre, je le nomme *Journal inutile.* Pou-ou ! je vois s'élever contre moi mille pauvres diables à la feuille, on me supprime, et me voilà derechef sans emploi ! – Le désespoir m'allait saisir ; on pense à moi pour une place, mais par malheur j'y étais propre : il fallait un calculateur, ce fut un danseur qui l'obtint. Il ne me restait plus qu'à voler ; je me fais banquier de pharaon : alors, bonnes gens ! je soupe en ville, et les personnes dites *comme il faut* m'ouvrent poliment leur maison en retenant pour elles les trois quarts du profit. J'aurais bien pu me remonter ; je commençais même à comprendre que, pour gagner du bien, le savoir-faire vaut mieux que le savoir. Mais comme chacun pillait autour de moi, en exigeant que je fusse honnête, il fallut bien périr encore. Pour le coup je quittais le monde, et vingt brasses d'eau m'en allaient séparer, lorsqu'un dieu bienfaisant m'appelle à mon premier état. Je reprends ma trousse et mon cuir anglais, puis laissant la fumée aux sots qui s'en nourrissent, et la honte au milieu du chemin, comme trop lourde à un piéton, je vais rasant de ville en ville, et je vis enfin sans souci. Un grand seigneur passe à Séville ; il me reconnaît, je le marie ; et pour prix d'avoir eu par mes soins son épouse, il veut intercepter la mienne ! Intrigue, orage à ce sujet. Prêt à tomber dans un abîme, au moment d'épouser ma mère, mes parents m'arrivent à la file. *(Il se lève en s'échauffant.)* On se débat, c'est vous, c'est lui, c'est moi, c'est toi, non, ce n'est pas nous ; eh ! mais qui donc ? *(Il retombe assis.)* Ô bizarre suite d'événements ! Comment cela m'est-il arrivé ? Pourquoi ces choses et non pas d'autres ? Qui les a fixées sur ma tête ? Forcé de parcourir la route où je suis entré sans le savoir, comme j'en sortirai sans le vouloir, je l'ai jonchée d'autant de fleurs que ma gaieté me l'a permis : encore je dis ma gaieté sans savoir si elle est à moi plus que le reste, ni même quel est ce *moi* dont je m'occupe : un assemblage informe de parties inconnues ; puis un chétif être imbécile ; un petit animal folâtre ; un jeune homme ardent au plaisir, ayant tous les goûts pour jouir, faisant tous les métiers pour vivre ; maître ici, valet là, selon qu'il plaît à la fortune ; ambitieux par vanité, laborieux par nécessité, mais paresseux... avec délices ! orateur selon le danger ; poète par délassement ; musicien par occasion ; amoureux par folles bouffées, j'ai tout vu, tout fait, tout usé. Puis

l'illusion s'est détruite et, trop désabusé... Désabusé... !
Suzon, Suzon, Suzon ! que tu me donnes de tourments !...
J'entends marcher... on vient. Voici l'instant de la crise.
(Il se retire près de la première coulisse à sa droit).

BEAUMARCHAIS, *Le Mariage de Figaro* (1784).

Comment s'étaient-ils rencontrés ? Par hasard, comme tout le monde. Comment s'appelaient-ils ? Que vous importe ? D'où venaient-ils ? Du lieu le plus prochain. Où allaient-ils ? Est-ce que l'on sait où l'on va ? Que disaient-ils ? Le maître ne disait rien ; et Jacques disait que son capitaine disait que tout ce qui nous arrive de bien et de mal ici-bas était écrit là-haut.

Le Maître : « C'est un grand mot que cela.

Jacques : Mon capitaine ajoutait que chaque balle qui partait d'un fusil avait son billet.

Le Maître : Et il avait raison… »

Après une courte pause, Jacques s'écria : « Que le diable emporte le cabaretier et son cabaret !

Le Maître : Pourquoi donner au diable son prochain ? Cela n'est pas chrétien.

Jacques : C'est que, tandis que je m'enivre de son mauvais vin, j'oublie de mener nos chevaux à l'abreuvoir. Mon père s'en aperçoit ; il se fâche. Je hoche de la tête ; il prend un bâton et m'en frotte un peu durement les épaules. Un régiment passait pour aller au camp devant Fontenoy ; de dépit je m'enrôle. Nous arrivons ; la bataille se donne.

Le Maître : Et tu reçois la balle à ton adresse.

Jacques : Vous l'avez deviné ; un coup de feu au genou ; et Dieu sait les bonnes et mauvaises aventures amenées par ce coup de feu. Elles se tiennent ni plus ni moins que les chaînons d'une gourmette. Sans ce coup de feu, par exemple, je crois que je n'aurais été amoureux de ma vie, ni boiteux.

Le Maître : Tu as donc été amoureux ?

Jacques : Si je l'ai été !

Le Maître : Et cela par un coup de feu ?

Jacques : Par un coup de feu.

Le Maître : Tu ne m'en as jamais dit un mot.

Jacques : Je le crois bien.

LE MAÎTRE : Et pourquoi cela ?

JACQUES : C'est que cela ne pouvait être dit ni plus tôt ni plus tard.

LE MAÎTRE : Et le moment d'apprendre ces amours est-il venu ?

JACQUES : Qui le sait ?

LE MAÎTRE : À tout hasard, commence toujours... »

Jacques commença l'histoire de ses amours. C'était l'après-dîner : il faisait un temps lourd ; son maître s'endormit. La nuit les surprit au milieu des champs ; les voilà fourvoyés. Voilà le maître dans une colère terrible et tombant à grands coups de fouet sur son valet, et le pauvre diable disant à chaque coup : « Celui-là était apparemment encore écrit là-haut... »

Vous voyez, lecteur, que je suis en beau chemin, et qu'il ne tiendrait qu'à moi de vous faire attendre un an, deux ans, trois ans, le récit des amours de Jacques, en le séparant de son maître et en leur faisant courir à chacun tous les hasards qu'il me plairait. Qu'est-ce qui m'empêcherait de marier le maître et de le faire cocu ? d'embarquer Jacques pour les îles ? d'y conduire son maître ? de les ramener tous les deux en France sur le même vaisseau ? Qu'il est facile de faire des contes ! Mais ils en seront quittes l'un et l'autre pour une mauvaise nuit, et vous pour ce délai.

L'aube du jour parut. Les voilà remontés sur leurs bêtes et poursuivant leur chemin. – Et où allaient-ils ? – Voilà la seconde fois que vous me faites cette question, et la seconde fois que je vous réponds : Qu'est-ce que cela vous fait ? Si j'entame le sujet de leur voyage, adieu les amours de Jacques... Ils allèrent quelque temps en silence. Lorsque chacun fut un peu remis de son chagrin, le maître dit à son valet : « Eh bien, Jacques, où en étions-nous de tes amours ?

JACQUES : Nous en étions, je crois, à la déroute de l'armée ennemie. On se sauve, on est poursuivi, chacun pense à soi. Je reste sur le champ de bataille, enseveli sous le nombre des morts et des blessés, qui fut prodigieux. Le lendemain on me jeta, avec une douzaine d'autres, sur une charrette, pour être conduit à un de nos hôpitaux. Ah !

monsieur, je ne crois pas qu'il y ait de blessures plus cruelles que celle du genou.

Le Maître : Allons donc, Jacques, tu te moques.

Jacques : Non, pardieu, monsieur, je ne me moque pas ! Il y a là je ne sais combien d'os, de tendons, et d'autres choses qu'ils appellent je ne sais comment... »

Une espèce de paysan qui les suivait avec une fille qu'il portait en croupe et qui les avait écoutés, prit la parole et dit : « Monsieur a raison... »

On ne savait à qui ce monsieur était adressé, mais il fut mal pris par Jacques et par son maître ; et Jacques dit à cet interlocuteur indiscret : « De quoi te mêles-tu ?

– Je me mêle de mon métier ; je suis chirurgien à votre service, et je vais vous démontrer... »

La femme qu'il portait en croupe lui disait : « Monsieur le docteur, passons notre chemin et laissons ces messieurs qui n'aiment pas qu'on leur démontre.

– Non, lui répondit le chirurgien, je veux leur démontrer, et je leur démontrerai... »

Et, tout en se retournant pour démontrer, il pousse sa compagne, lui fait perdre l'équilibre et la jette à terre, un pied pris dans la basque de son habit et les cotillons renversés sur sa tête. Jacques descend, dégage le pied de cette pauvre créature et lui rabaisse ses jupons. Je ne sais s'il commença par rabaisser les jupons ou par dégager le pied ; mais à juger de l'état de cette femme par ses cris, elle s'était grièvement blessée. Et le maître de Jacques disait au chirurgien : « Voilà ce que c'est que de démontrer. »

Et le chirurgien : « Voilà ce que c'est que de ne vouloir pas qu'on démontre !... »

Et Jacques à la femme tombée ou ramassée : « Consolez-vous, ma bonne, il n'y a ni de votre faute, ni de la faute de M. le docteur, ni de la mienne, ni de celle de mon maître : c'est qu'il était écrit là-haut qu'aujourd'hui, sur ce chemin, à l'heure qu'il est, M. le docteur serait un bavard, que mon maître et moi nous serions deux bourrus, que vous auriez une contusion à la tête et qu'on vous verrait le cul... »

Que cette aventure ne deviendrait-elle pas entre mes mains, s'il me prenait en fantaisie de vous désespérer ! Je donnerais de l'importance à cette femme ; j'en ferais la nièce d'un curé du village voisin ; j'ameuterais les paysans de ce village ; je me préparerais des combats et des amours ; car enfin cette paysanne était belle sous le linge. Jacques et son maître s'en étaient aperçus ; l'amour n'a pas toujours attendu une occasion aussi séduisante. Pourquoi Jacques ne deviendrait-il pas amoureux une seconde fois ? pourquoi ne serait-il pas une seconde fois le rival et même le rival préféré de son maître ? – Est-ce que le cas lui était déjà arrivé ? – Toujours des questions. Vous ne voulez donc pas que Jacques continue le récit de ses amours ? Une bonne fois pour toutes, expliquez-vous [...].

DIDEROT, *Jacques le Fataliste*
(vers 1774, pub. 1796).

ACTIVITÉ COMPLÉMENTAIRE

Un groupement thématique : le motif de la fuite dans Manon Lescaut.

À partir du groupement de textes suivant, il est possible de s'interroger sur la récurrence des scènes de fuite dans le roman : les raisons, les moyens, le sens.

Extrait n° 1

J'étais dans une espèce de transport, qui m'ôta pour quelque temps la liberté de la voix et qui ne s'exprimait que par mes yeux. Mademoiselle Manon Lescaut, c'est ainsi qu'elle me dit qu'on la nommait, parut fort satisfaite de cet effet de ses charmes. Je crus apercevoir qu'elle n'était pas moins émue que moi. Elle me confessa qu'elle me trouvait aimable et qu'elle serait ravie de m'avoir obligation de sa liberté. Elle voulut savoir qui j'étais, et cette connaissance augmenta son affection, parce qu'étant d'une naissance commune, elle se trouva flattée d'avoir fait la conquête d'un amant tel que moi. Nous nous entretînmes des moyens d'être l'un à l'autre. Après quantité de réflexions, nous ne trouvâmes point d'autre voie que celle de la fuite. Il fallait tromper la vigilance du conducteur, qui était un homme à ménager, quoiqu'il ne fût qu'un domestique. Nous réglâmes que je ferais préparer pendant la nuit une chaise de poste, et que je reviendrais de grand matin à l'auberge avant qu'il fût éveillé ; que nous nous déroberions secrètement, et que nous irions droit à Paris, où nous nous ferions marier en arrivant. J'avais environ cinquante écus, qui étaient le fruit de mes petites épargnes ; elle en avait à peu près le double. Nous nous imaginâmes, comme des enfants sans expérience, que cette somme ne finirait jamais, et nous ne comptâmes pas moins sur le succès de nos autres mesures.

Après avoir soupé avec plus de satisfaction que je n'en avais jamais ressenti, je me retirai pour exécuter notre projet. Mes arrangements furent d'autant plus faciles, qu'ayant eu dessein de retourner le lendemain chez mon père, mon petit équipage était déjà préparé. Je n'eus donc nulle peine à faire transporter ma malle, et à faire tenir une chaise prête pour cinq heures du matin, qui étaient le temps où les portes de la ville devaient être ouvertes ; mais je trouvai un obstacle dont je ne me défiais point, et qui faillit de rompre entièrement mon dessein.

Extrait n° 2

Où trouver un barbare qu'un repentir si vif et si tendre n'eût pas touché ? Pour moi, je sentis, dans ce moment, que j'aurais sacrifié pour Manon tous les évêchés du monde chrétien. Je lui demandai quel nouvel ordre elle jugeait à propos de mettre dans nos affaires. Elle me dit qu'il fallait sur-le-champ sortir du séminaire, et remettre à nous arranger dans un lieu plus sûr. Je consentis à toutes ses volontés sans réplique. Elle entra dans son carrosse, pour aller m'attendre au coin de la rue. Je m'échappai un moment après, sans être aperçu du portier. Je montai avec elle. Nous passâmes à la friperie. Je repris les galons et l'épée. Manon fournit aux frais, car j'étais sans un sou ; et dans la crainte que je ne trouvasse de l'obstacle à ma sortie de Saint-Sulpice, elle n'avait pas voulu que je retournasse un moment à ma chambre pour y prendre mon argent. Mon trésor, d'ailleurs, était médiocre, et elle assez riche des libéralités de B... pour mépriser ce qu'elle me faisait abandonner. Nous conférâmes, chez le fripier même, sur le parti que nous allions prendre. Pour me faire valoir davantage le sacrifice qu'elle me faisait de B..., elle résolut de ne pas garder avec lui le moindre ménagement. Je veux lui laisser ses meubles, me dit-elle, ils sont à lui ; mais j'emporterai, comme de justice, les bijoux et près de soixante mille francs que j'ai tirés de lui depuis deux ans. Je ne lui ai donné nul pouvoir sur moi, ajouta-t-elle ; ainsi nous pouvons demeurer sans crainte à Paris, en prenant une maison commode où nous vivrons heureusement. Je lui représentai que, s'il n'y avait point de péril pour elle, il y en avait beaucoup pour moi, qui ne manquerais point tôt ou tard d'être reconnu, et qui serais continuellement exposé au malheur que j'avais déjà essuyé. Elle me fit entendre qu'elle aurait du regret à quitter Paris. Je craignais tant de la chagriner, qu'il n'y avait point de hasards que je ne méprisasse pour lui plaire ; cependant, nous trouvâmes un tempérament raisonnable, qui fut de louer une maison dans quelque village voisin de Paris, d'où il nous serait aisé d'aller à la ville lorsque le plaisir ou le besoin nous y appellerait. Nous choisîmes Chaillot, qui n'en est pas éloigné. Manon retourna sur-le-champ chez elle. J'allai l'attendre à la petite porte du jardin des Tuileries. Elle revint une heure après, dans un carrosse de louage, avec une fille qui la servait, et quelques malles où ses habits et tout ce qu'elle avait de précieux était renfermé.

Nous ne tardâmes point à gagner Chaillot. Nous logeâmes la première nuit à l'auberge, pour nous donner le temps de chercher une maison, ou du moins un appartement commode. Nous en trouvâmes, dès le lendemain, un de notre goût.

Extrait n° 3

Le portier vint à l'heure ordinaire, c'est-à-dire un peu après neuf heures. J'en laissai passer encore une, pour m'assurer que tous les religieux et les domestiques étaient endormis. Je partis enfin, avec mon arme et une chandelle allumée. Je frappai d'abord doucement à la porte du Père, pour l'éveiller sans bruit. Il m'entendit au second coup, et s'imaginant, sans doute, que c'était quelque religieux qui se trouvait mal et qui avait besoin de secours, il se leva pour m'ouvrir. Il eut, néanmoins, la précaution de demander, au travers de la porte, qui c'était et ce qu'on voulait de lui. Je fus obligé de me nommer ; mais j'affectai un ton plaintif, pour lui faire comprendre que je ne me trouvais pas bien. Ah ! c'est vous, mon cher fils, me dit-il, en ouvrant la porte ; qu'est-ce donc qui vous amène si tard ? J'entrai dans sa chambre, et l'ayant tiré à l'autre bout opposé à la porte, je lui déclarai qu'il m'était impossible de demeurer plus longtemps à Saint-Lazare ; que la nuit était un temps commode pour sortir sans être aperçu, et que j'attendais de son amitié qu'il consentirait à m'ouvrir les portes, ou à me prêter ses clefs pour les ouvrir moi-même.

Ce compliment devait le surprendre. Il demeura quelque temps à me considérer, sans me répondre. Comme je n'en avais pas à perdre, je repris la parole pour lui dire que j'étais fort touché de toutes ses bontés, mais que, la liberté étant le plus cher de tous les biens, surtout pour moi à qui on la ravissait injustement, j'étais résolu de me la procurer cette nuit même, à quelque prix que ce fût ; et de peur qu'il ne lui prît envie d'élever la voix pour appeler du secours, je lui fis voir une honnête raison de silence, que je tenais sous mon juste-au-corps. Un pistolet ! me dit-il. Quoi ! mon fils, vous voulez m'ôter la vie, pour reconnaître la considération que j'ai eue pour vous ? À Dieu ne plaise, lui répondis-je. Vous avez trop d'esprit et de raison pour me mettre dans cette nécessité ; mais je veux être libre, et j'y suis si résolu que, si mon projet manque par votre faute, c'est fait de vous absolument. Mais, mon cher fils, reprit-il d'un air pâle et effrayé, que vous ai-je fait ? quelle raison avez-vous de vouloir ma mort ? Eh non ! répliquai-je avec impatience. Je n'ai pas dessein de vous tuer, si vous voulez vivre. Ouvrez-moi la porte, et je suis le meilleur de vos amis. J'aperçus les clefs qui étaient sur sa table. Je les pris et je le priai de me suivre, en faisant le moins de bruit qu'il pourrait. Il fut obligé de s'y résoudre. À mesure que nous avancions et qu'il ouvrait une porte, il me répétait avec un soupir : Ah ! mon fils, ah ! qui l'aurait cru ? Point de bruit, mon Père, répétais-je de mon côté à tout moment. Enfin nous arrivâmes à une espèce de barrière, qui est avant la grande porte de la rue. Je me croyais déjà libre, et j'étais derrière le Père, avec ma chandelle dans une main et mon pistolet dans l'autre. Pendant qu'il s'empressait d'ouvrir, un domestique, qui couchait dans une petite chambre voisine, entendant le bruit de quelques verrous, se lève et met la tête à sa porte. Le bon Père le crut apparemment capable de m'arrêter. Il lui ordonna, avec beaucoup d'imprudence, de venir à son secours. C'était un puissant coquin, qui s'élança sur moi sans balancer. Je ne le marchandai point ; je lui lâchai le coup au milieu de la poitrine. Voilà de quoi vous êtes cause, mon Père, dis-je assez fièrement à mon guide. Mais que cela ne vous empêche point d'achever, ajoutai-je en le poussant vers la dernière porte. Il n'osa refuser de l'ouvrir. Je sortis heureusement et je trouvai, à quatre pas, Lescaut qui m'attendait avec deux amis, suivant sa promesse.

Extrait n° 4

Nous retournâmes le matin à l'Hôpital. J'avais avec moi, pour Manon, du linge, des bas, etc., et par-dessus mon juste-au-corps, un surtout qui ne laissait rien voir de trop enflé dans mes poches. Nous ne fûmes qu'un moment dans sa chambre. M. de T... lui laissa une de ses deux vestes ; je lui donnai mon juste-au-corps, le surtout me suffisant pour sortir. Il ne se trouva rien de manque à son ajustement, excepté la culotte que j'avais malheureusement oubliée. L'oubli de cette pièce nécessaire nous eût, sans doute, apprêté à rire si l'embarras où il nous mettait eût été moins sérieux. J'étais au désespoir qu'une bagatelle de cette nature fût capable de nous arrêter. Cependant, je pris mon parti, qui fut de sortir moi-même sans culotte. Je laissai la mienne à Manon. Mon surtout était long, et je me mis, à l'aide de quelques épingles, en état de passer décemment la porte. Le reste du jour me parut d'une longueur insupportable. Enfin, la nuit étant venue, nous nous rendîmes un peu au-dessous de la porte de l'Hôpital, dans un carrosse. Nous n'y fûmes pas longtemps sans voir Manon paraître avec son conducteur. Notre portière étant ouverte, ils montèrent tous deux à l'instant. Je reçus ma chère maîtresse dans mes bras. Elle tremblait comme une feuille. Le cocher me demanda où il fallait toucher. Touche au bout du monde, lui dis-je, et mène-moi quelque part où je ne puisse jamais être séparé de Manon.

Ce transport, dont je ne fus pas le maître, faillit de m'attirer un fâcheux embarras. Le cocher fit réflexion à mon langage, et lorsque je lui dis ensuite le nom de la rue où nous voulions être conduits, il me répondit qu'il craignait que je ne l'engageasse dans une mauvaise affaire, qu'il voyait bien que ce beau jeune homme, qui s'appelait Manon, était une fille que j'enlevais de l'Hôpital, et qu'il n'était pas d'humeur à se perdre pour l'amour de moi. La délicatesse de ce coquin n'était qu'une envie de me faire payer la voiture plus cher. Nous étions trop près de l'Hôpital pour ne pas filer doux. Tais-toi, lui dis-je, il y a un louis d'or à gagner pour toi. Il m'aurait aidé, après cela, à brûler l'Hôpital même. Nous gagnâmes la maison où demeurait Lescaut. Comme il était tard, M. de T...

nous quitta en chemin, avec promesse de nous revoir le lendemain. Le valet demeura seul avec nous.

Extrait n° 5

Mais, chère Manon ! repris-je tout éperdu, dites-moi donc où nous pouvons aller. Voyez-vous quelque ressource ? Ne vaut-il pas mieux que vous tâchiez de vivre ici sans moi, et que je porte volontairement ma tête au Gouverneur ? Cette proposition ne fit qu'augmenter son ardeur à partir. Il fallut la suivre. J'eus encore assez de présence d'esprit, en sortant, pour prendre quelques liqueurs fortes que j'avais dans ma chambre et toutes les provisions que je pus faire entrer dans mes poches. Nous dîmes à nos domestiques, qui étaient dans la chambre voisine, que nous partions pour la promenade du soir, nous avions cette coutume tous les jours, et nous nous éloignâmes de la ville, plus promptement que la délicatesse de Manon ne semblait le permettre.

Quoique je ne fusse pas sorti de mon irrésolution sur le lieu de notre retraite, je ne laissais pas d'avoir deux espérances, sans lesquelles j'aurais préféré la mort à l'incertitude de ce qui pouvait arriver à Manon. J'avais acquis assez de connaissance du pays, depuis près de dix mois que j'étais en Amérique, pour ne pas ignorer de quelle manière on apprivoisait les sauvages. On pouvait se mettre entre leurs mains, sans courir à une mort certaine. J'avais même appris quelques mots de leur langue et quelques-unes de leurs coutumes dans les diverses occasions que j'avais eues de les voir. Avec cette triste ressource, j'en avais une autre du côté des Anglais qui ont, comme nous, des établissements dans cette partie du Nouveau Monde. Mais j'étais effrayé de l'éloignement. Nous avions à traverser, jusqu'à leurs colonies, de stériles campagnes de plusieurs journées de largeur, et quelques montagnes si hautes et si escarpées que le chemin en paraissait difficile aux hommes les plus grossiers et les plus vigoureux. Je me flattais, néanmoins, que nous pourrions tirer parti de ces deux ressources : des sauvages pour aider à nous conduire, et des Anglais pour nous recevoir dans leurs habitations.

Nous marchâmes aussi longtemps que le courage de Manon put la soutenir, c'est-à-dire environ deux lieues, car cette amante incomparable refusa constamment de s'arrêter plus tôt. Accablée enfin de lassitude, elle me confessa qu'il lui était impossible d'avancer davantage. Il était déjà nuit. Nous nous assîmes au milieu d'une vaste plaine, sans avoir pu trouver un arbre pour nous mettre à couvert.

Indications Bibliographiques

L'Abbé PRÉVOST, *Manon Lescaut,* « Classiques Garnier ».

Henri COULET, *Le Roman jusqu'à la Révolution,* Colin, 1967, (p.352-364).

Jean SGARD, *L'Abbé Prévost, Labyrinthes de la mémoire,* P.U.F., 1984.

Collection PARCOURS DE LECTURE

*Collection dirigée par Alain Boissinot,
Jean Jordy, Marie-Madeleine Touzin.*

• Série **Œuvres intégrales**

*Une étude de l'œuvre, des repères qui dégagent les
méthodes d'analyse et les notions utilisées, des prolonge-
ments et des documents complémentaires.*

ALAIN-FOURNIER, *Le Grand Meaulnes*
BALZAC, *La Peau de chagrin*
       Ferragus
BAUDELAIRE, *Les Fleurs du mal*
BECKETT, *En attendant Godot*
BERNARDIN de SAINT-PIERRE, *Paul et Virginie*
BOSCO, *Malicroix*
CAMUS, *L'Étranger*
CENDRARS, *L'Or*
DIDEROT, *Paradoxe sur le comédien*
DIOP, *Les Contes d'Amadou Koumba*
DUCHARME, *L'Avalée des avalés*
DURAS, *Moderato Cantabile*
ÉLUARD, *Capitale de la douleur*
FLAUBERT, *L'Éducation sentimentale*
       Madame Bovary
       Trois contes
GIONO, *Le Chant du monde*
GRACQ, *Le Rivage des Syrtes*
       Un balcon en forêt
HUGO, *Les Contemplations*
JARRY, *Ubu Roi*
LABÉ, *Sonnets*
LAINÉ, *La Dentellière*
LE CLÉZIO, *Désert*
       Onitsha
MARIVAUX, *La Dispute*
       L'Île des esclaves
MAUPASSANT, *Boule de Suif*
       Pierre et Jean
MÉRIMÉE, *Mateo Falcone*

Molière, *George Dandin*
        Le Misanthrope
Montaigne, *Essais (I, 31 – III, 6)*
Musset, *Lorenzaccio*
        On ne badine pas avec l'amour
Ponge, *Le Parti pris des choses*
Prévost, *Manon Lescaut*
Queneau, *Loin de Rueil*
Racine, *Bérénice*
Senghor, *Poèmes*
Stendhal, *Chroniques italiennes*
Uhlman, *L'Ami retrouvé*
Verlaine, *Fêtes galantes*
Voltaire, *Candide*
Zola, *La Terre*

• Série **Groupements de textes**

> *Conçus de la même façon que ceux de la série **Œuvres intégrales,** ces volumes portent sur un thème ou une problématique littéraire et proposent de nombreux extraits.*

Le Cheval, mythes et textes
Contes fantastiques
Les Débuts de romans
La Digression dans le récit
L'Écriture autobiographique
Images de l'Orient au XIXe *siècle*
Images du lecteur
La Lettre et le Récit
Musique et littérature

• Série **Collèges** *(animée par Michel Descotes, Jean Jordy et Gérard Langlade)*

> *La série **Collèges** porte sur des œuvres souvent étudiées dans les classes de collège. Outre les rubriques habituelles de la collection, elle propose des activités qui incitent à étudier des points précis, à formuler des découvertes, à s'exprimer par écrit.*

Apollinaire, *Poèmes*
Beauvoir, *Les Belles Images*

Bosco, *L'Âne Culotte*
Calvino, *Marcovaldo*
Conan Doyle, *Sherlock Holmes*
Ionesco, *La Cantatrice chauve*
Labiche, *L'Affaire de la rue de Lourcine*
La Fontaine, *Fables*
Le Clézio, *Mondo*
Mérimée, *La Vénus d'Ille*
Molière, *Les Fourberies de Scapin*
        Le Malade imaginaire
        Le Médecin malgré lui
Perrault, *Contes*
Racine, *Iphigénie*
Saint-Exupéry, *Le Petit Prince*
Stevenson, *L'Île au trésor*
Vallès, *L'Enfant*
Zola, *Le Rêve*

et de nombreux autres titres à paraître.

Collection PARCOURS PHILOSOPHIE

Collection dirigée par Michel Autiquet

Cette collection propose des études de textes philosophiques dont chacune apporte les informations indispensables à la compréhension de l'œuvre, en délimite les enjeux, en retrace le cheminement et donne ainsi à chacun les moyens de se confronter au texte et d'en construire le sens par une lecture active.

Bergson, *Le Rire*

Freud, *Métapsychologie*

Marx et Engels, *Le Manifeste du Parti communiste*

Platon, *Apologie de Socrate*

Collection **RÉFÉRENCE**

Collection dirigée par Daniel Delas

Une collection pour découvrir les grands noms de la critique, de la linguistique et de la théorie littéraire en facilitant l'accès à leur pensée replacée dans son contexte, en regroupant autour de mots clés les concepts principaux et en dégageant l'actualité de leurs œuvres.

Roland BARTHES,

Frank Évrard – Éric Tenet

Émile BENVENISTE,

Gérard Dessons

Paul CLAUDEL,

Anne-Marie Hubat-Blanc

Roman JAKOBSON,

Daniel Delas

Francis PONGE,

Serge Martin

Jean-Pierre RICHARD,

Hélène Cazes

Aubin Imprimeur

LIGUGÉ, POITIERS

Achevé d'imprimer en novembre 1994
N° d'impression L 47926
Dépôt légal novembre 1994
Imprimé en France